高职高专"十二五"规划教材

ERP 沙盘模拟实训教程

主 编 易诗莲
副主编 刘 洋 雷 达 刘 念

北京理工大学出版社
BEIJING INSTITUTE OF TECHNOLOGY PRESS

版权专有　侵权必究

图书在版编目（CIP）数据

ERP沙盘模拟实训教程 / 易诗莲主编. —北京：北京理工大学出版社，2015.7（2019.8重印）

ISBN 978-7-5682-0910-6

Ⅰ. ①E… Ⅱ. ①易… Ⅲ. ①企业管理-计算机管理系统-教材 Ⅳ. ①F270.7

中国版本图书馆CIP数据核字（2015）第160788号

出版发行 /	北京理工大学出版社有限责任公司
社　　址 /	北京市海淀区中关村南大街5号
邮　　编 /	100081
电　　话 /	（010）68914775（总编室）
	（010）82562903（教材售后服务热线）
	（010）68948351（其他图书服务热线）
网　　址 /	http://www.bitpress.com.cn
经　　销 /	全国各地新华书店
印　　刷 /	三河市华骏印务包装有限公司
开　　本 /	787毫米×1092毫米　1/16
印　　张 /	10.25
字　　数 /	236千字
版　　次 /	2015年7月第1版　2019年8月第4次印刷
定　　价 /	28.00元

责任编辑 / 张慧峰
文案编辑 / 张慧峰
责任校对 / 孟祥敬
责任印制 / 李志强

图书出现印装质量问题，请拨打售后服务热线，本社负责调换

前　言

ERP（企业资源计划，Enterprise Resource Planning）沙盘模拟实训把企业经营管理知识与 ERP 思想和理念相融合，利用沙盘作为载体模拟企业经营，使学生在仿真的企业经营管理环境中，进行市场分析、战略制定、生产组织、整体营销和财务结算等一系列活动，从中体会企业经营运作的全过程，领悟科学的管理规律，提升管理能力。全书共分为七个模块。主要内容包括：ERP 与企业管理、ERP 沙盘简介、运营规则介绍、ERP 沙盘模拟运营准备、ERP 沙盘试运营、企业运营分析和 ERP 沙盘实战演练。

本书可以帮助学生梳理整个企业管理知识体系，指导学生进行 ERP 沙盘模拟训练，使学生可以真正体会到市场竞争的残酷、战略计划的精妙，以及运作过程的细腻，学会如何在资源有限的情况下，合理组织生产，力求做到利润最大、成本最低，从而获得管理理论知识与实践能力的全面提高。教材遵循融理论与实践于一体、集角色扮演与岗位体验于一身的设计思路，新颖独到，使学生在参与、体验中完成从知识到技能的转化。教材内容与授课流程和沙盘软件系统流程密切结合，体现集知识性、实践性和趣味性于一体，寓教于乐、实用创新的特点。

本书可以作为各类院校 ERP 沙盘实训课程的教材或参考书，也可以作为各培训机构企业经营沙盘课程培训的教材。

本书由易诗莲任主编，负责全书的整体构思、大纲设计和审核统稿，刘洋、雷达、刘念担任副主编，协助审核统稿。具体分工如下：雷达撰写模块一，刘念撰写模块二，刘芳撰写模块三，童文军撰写模块四，项容撰写模块五，刘洋撰写模块六，易诗莲撰写模块七和附表。

在本书撰写过程中，参阅了许多相关著述，在此谨向原作者表示诚挚谢意。由于作者水平有限，书中不足之处敬请专家、读者批评指正。

编　者

目 录

模块一　ERP 与企业管理 ……………………………………………………（ 1 ）
　第一节　企业管理概述 ……………………………………………………（ 1 ）
　第二节　ERP 基础知识 ……………………………………………………（ 10 ）
　第三节　ERP 在企业中的运用 ……………………………………………（ 17 ）

模块二　ERP 沙盘简介 ……………………………………………………（ 20 ）
　第一节　ERP 沙盘模拟实训课程介绍 ……………………………………（ 20 ）
　第二节　企业职能部门分工 ………………………………………………（ 23 ）
　第三节　ERP 沙盘结构介绍 ………………………………………………（ 24 ）

模块三　运营规则介绍 ……………………………………………………（ 27 ）
　第一节　市场规则 …………………………………………………………（ 27 ）
　第二节　产品研发与 ISO 认证规则 ………………………………………（ 31 ）
　第三节　企业生产运营规则 ………………………………………………（ 31 ）
　第四节　企业融资规则 ……………………………………………………（ 33 ）
　第五节　综合费用及其他规则 ……………………………………………（ 33 ）

模块四　ERP 沙盘模拟运营准备 …………………………………………（ 37 ）
　第一节　模拟企业背景概况 ………………………………………………（ 37 ）
　第二节　ERP 的计划方法 …………………………………………………（ 41 ）
　第三节　电子沙盘介绍 ……………………………………………………（ 55 ）

模块五　ERP 沙盘试运营 …………………………………………………（ 66 ）
　第一节　第一年试运营 ……………………………………………………（ 67 ）
　第二节　第二年试运营 ……………………………………………………（ 70 ）
　第三节　第三年试运营 ……………………………………………………（ 74 ）

模块六　企业运营分析 ……………………………………………………（ 79 ）
　第一节　企业战略分析 ……………………………………………………（ 79 ）
　第二节　市场需求预测与分析 ……………………………………………（ 87 ）

第三节　企业的财务分析 …………………………………………………（89）
第四节　企业的生产与运作分析 …………………………………………（99）

模块七　ERP沙盘实战演练 ……………………………………………（104）
第一节　第一年实战演练 …………………………………………………（107）
第二节　第二年实战演练 …………………………………………………（112）
第三节　第三年实战演练 …………………………………………………（118）
第四节　第四年实战演练 …………………………………………………（124）
第五节　第五年实战演练 …………………………………………………（130）
第六节　第六年实战演练 …………………………………………………（136）

附表一　市场预测 ……………………………………………………………（142）

附表二　广告提交表 …………………………………………………………（144）

附表三　生产及采购计划 ……………………………………………………（147）

附表四　原材料采购及付款计划 ……………………………………………（150）

附表五　工人工资付款计划 …………………………………………………（152）

附表六　公司应收账款记录表 ………………………………………………（154）

参考文献 ………………………………………………………………………（156）

模块一

ERP 与企业管理

学习目标

- 了解企业管理的概念；
- 熟悉企业管理的任务；
- 掌握企业管理的主要目标、企业资源及其配置与管理；
- 掌握 ERP 的概念及其发展历程；
- 熟悉 ERP 的应用现状及成功标尺。

相关知识

第一节 企业管理概述

企业是国民经济的细胞，是人们从事生产、交换、分配等经济活动的基本单位。管理也是生产力，有效的管理使企业的生产经营要素得到合理配置，它是企业充满活力的根本保证。正确认识企业管理的基础理论，对于企业经营管理有着重要的意义。

一、企业管理的概念

企业是指从事生产、流通、服务等经济活动，为满足社会需要并获得利润，自主经营、独立核算并具有法人资格的经济组织。经营是指企业以市场为对象，以商品生产和商品交换为手段，为了实现企业的目标，使企业的投资、生产、销售等经济活动与企业的外部环境保持动态均衡的一系列有组织的活动。

所谓企业管理，就是按照客观规律，运用各种科学方法，充分利用各种资源，对企业的整个生产经营活动进行计划、组织、指挥和控制，以适应外部环境变化，实现企业经营目标的一系列工作的总称。

二、企业管理的任务

随着现代商品经济的发展，企业管理的职能逐渐由以生产为中心的生产型管理发展为以生产经营为中心的生产经营型管理。因此，企业管理的任务是，不仅要合理地组织企业内部的全部生产活动，而且还必须把企业作为整个社会经济系统的一个要素，按照客观经济规律，科学地组织企业的全部经营活动。企业管理的任务主要包括以下两个方面。

（一）合理组织生产力

合理地组织生产力是企业管理最基本的任务。合理组织生产力有两个方面的含义。

1. 使企业现有的生产要素得到合理配置与有效利用

具体说来，就是要把企业现有的劳动资料、劳动对象、劳动者和科学技术等生产要素合理地组织在一起，恰当地协调它们之间的关系和比例，使企业生产组织合理化，从而实现物尽其用、人尽其才。

2. 不断开发新的生产力

第一，不断地改进劳动资料，采用新的更先进的劳动资料；第二，不断地改进生产技术，并不断地采用新的技术来改造生产工艺、流程；第三，不断地发现新的原材料或原有原材料的新用途；第四，不断地对职工进行技术培训，并不断地引进优秀科技人员与管理人员。

（二）维护并不断地改善社会生产关系

企业管理总是在某种特定的社会生产关系下进行的，一定的社会生产关系是企业管理的基础，它从根本上决定着企业管理的社会属性，从全局上制约着企业管理的基本过程。因此，企业管理的重要任务之一就是要维护其赖以产生、存在的社会关系。此外，由于生产关系具有相对稳定性，在相当长的一个历史阶段内其基本性质可以保持不变，而生产力却是非常活跃、不断变革的因素，必然会与原有的生产关系在某些环节、某些方面发生矛盾。这时，为了保证生产力的不断发展，完全有必要在保持现有生产关系的基本性质不变的前提下，通过改进企业管理手段、方法和途径对生产关系的某些环节、某些方面进行调整和改善，以适应生产力不断发展的需要。

三、企业管理的主要目标

企业一旦成立，就会面临竞争，并始终处于生存和倒闭、发展和萎缩的矛盾之中。企业必须生存下去，才可能获利，只有不断地发展才能求得生存。因此，企业管理的目标主要为生存、发展、盈利。

（一）生存

企业只有生存，才可能获利。企业生存的土壤是市场，包括产品市场、金融市场、人力资源市场、技术市场等。企业在市场上生存下来的基本条件有两个：一是以收抵支，二是到期偿债。

1. 以收抵支

企业一方面付出货币，从市场上获取所需的资源；另一方面提供市场需要的商品和服务，从市场上换回货币。企业从市场获得的货币至少要等于付出的货币，以便维持继续经营，这是企业长期存续的基本条件。

因此，企业的生命力在于它能不断创新，以独特的产品和服务取得收入，并且不断降低成本、减少货币的流出。如果出现相反的情况，企业没有足够的货币从市场换取必要的资源，企业就会萎缩，直到无法维持最低的运营条件而终止。如果企业长期亏损，扭亏无望，就失去了存在的意义。为避免进一步扩大损失，所有者应主动终止营业。

2. 到期偿债

企业为扩大业务规模或满足经营周转的临时需要，可以向其他个人或法人借债。国家为维持市场经济秩序，通过立法规定债务人必须"偿还到期债务"，必要时"破产偿债"。如果企业的负债到期，无力偿还，就可能被债权人接管或被法院判定破产。

因此，企业生存的主要威胁来自两个方面：一个是长期亏损，企业所取得的收入不足以弥补其支出（此时导致所有者权益为负），企业破产，它是企业终止的内在原因；另一个是不能偿还到期债务，它是企业终止的直接原因。亏损企业为维持运营被迫进行偿债性融资，借新债还旧债，如不能扭亏为盈，迟早会借不到钱而无法周转，从而不能偿还到期债务。

盈利企业也可能出现"无力支付"的情况，主要是借款扩大业务规模，冒险失败，为偿债必须出售不可缺少的厂房和设备，使生产经营无法继续下去。力求保持以收抵支和偿还到期债务的能力，减少破产的风险，使企业能够长期、稳定地生存下去。偿债能力是对公司理财的第一个要求。

（二）发展

企业是在发展中求得生存的。企业的生产经营如"逆水行舟"，不进则退。在科技不断进步的现代经济中，产品不断更新换代，企业必须不断推出更好、更新、更受顾客欢迎的产品，才能在市场中立足。在竞争激烈的市场上，各个企业此消彼长、优胜劣汰。一个企业如不能发展，不能提高产品和服务的质量，不能扩大自己的市场份额，就会被其他企业排挤出去。企业的停滞是其死亡的前奏。

企业的发展集中表现为扩大收入。扩大收入的根本途径是提高产品的质量，扩大销售的数量，这就要求不断更新设备、技术和工艺，并不断提高各种人员的素质，也就是要投入更多、更好的物质资源、人力资源，并改进技术和管理。在市场经济中，各种资源的取得都需要付出货币。企业的发展离不开资金。因此，筹集企业发展所需的资金，是对公司理财的第二个要求。

（三）盈利

建立企业的目的是盈利。已经建立起来的企业，虽然有改善职工收入、改善劳动条件、扩大市场份额、提高产品质量、减少环境污染等多种目标，但是，增加盈利是最具综合能力的目标。盈利不但体现了企业的出发点和归宿，而且可以概括其他目标的实现程度，并有助于其他目标的实现。

从财务上看，盈利就是使资产获得超过其投资的回报。在市场经济中，没有"免费使用"的资金，资金的每项来源都有其成本。每项资产都是投资，都应当是生产性的，要从中获得回报。例如，各项固定资产要充分地用于生产，要避免存货积压，尽快收回应收账款，利用暂时闲置的现金等。财务主管人员务必使企业正常经营产生的和从外部获得的资金能以产出最大的形式加以利用。因此，通过合理、有效地使用资金使企业获利，是对公司理财的第三个要求。

股东创办企业的目的是扩大财富，他们是企业的所有者。企业价值最大化就是股东财富最大化。从利润表的利润构成中不难看出盈利的主要途径是要做到"开源节流"。

1. 扩大销售（开源）

开源就是要增加销售额，销售额增加，利润才可能有较大的增加。销售额由以下两个因素决定：产品单价和销售数量。提高产品单价受很多因素制约，但企业可以选择单价较高的产品进行生产。提高销售数量有以下方式：

（1）合理加大广告投放力度，进行品牌宣传；
（2）扩张现有市场，开拓新的市场；
（3）研发新产品；
（4）扩建或改造生产设施，淘汰过时生产线，提高产能。

2．控制成本（节流）

如果不能有效地控制成本，利润的增加同样是非常有限的。有效地"节流"，需要对企业的产品成本（直接成本和间接成本）进行核算控制。

（1）降低直接成本。

直接成本主要包括构成产品的原料费和人工费。在沙盘模拟中，原料费由产品的BOM（物料清单，Bill of Material）结构决定，在不考虑替代材料的情况下没有降低的空间；用不同生产线生产同一产品的加工费也是相同的，因此产品的直接成本是固定的。

（2）降低间接成本。

从节约成本的角度，可把间接成本区分为投资性支出和费用性支出两类。投资性支出包括购买厂房、投资新的生产线等，这些投资是为了扩大企业的生产能力而必须发生的；费用性支出包括营销广告、贷款利息等，通过有效筹划是可以节约一部分的。

四、企业战略管理

"战略"（strategy）一词源于希腊语strategos，意思是"将军指挥军队的艺术"，原是一个军事术语。20世纪60年代，战略思想开始运用于商业领域，并与达尔文"物竞天择"的生物进化思想共同成为战略管理学科的两大思想源流。

企业战略管理是确定企业使命，根据企业外部环境和内部经营要素确定企业目标，保证目标的正确落实并使企业使命最终得以实现的一个动态过程。企业战略管理包括战略制定、战略执行、战略控制等过程。以下对它们进行简要说明。

（一）战略制定

1．战略制定的依据

（1）外部环境分析。

深入细致分析企业的外部环境是正确制定战略的重要基础，为此，要及时收集和准确把握企业的各种各样的外部环境信息。譬如，国家经济发展战略，国民经济和社会发展的长远规划和年度计划，产业发展与调整政策，国家科技发展政策，宏观调控政策，本部门、本行业和本地区的经济发展战略，顾客（用户）的情况，竞争对手的情况，供应厂家的情况，协作单位的情况，潜在的竞争者的情况等。

（2）内部条件分析。

分析本企业的人员素质、技术素质和管理素质，产、供、销、人、财、物的现状以及在同行业中的地位等，明确本企业的优势和薄弱环节。

2．战略制定的程序

战略制定一般由以下程序组成：

（1）明确战略思想；

(2) 分析外部环境和内部条件;
(3) 确定战略宗旨;
(4) 制定战略目标;
(5) 弄清战略重点;
(6) 制定战略对策;
(7) 进行综合平衡;
(8) 方案比较及战略评价。

(二) 战略执行

为了有效执行企业制定的战略,一方面要依靠各个层次的组织机构及工作人员的共同配合和积极工作;另一方面,要通过企业的生产经营综合计划、各种专业计划、预算、具体作业计划等,去具体实施战略目标。

(三) 战略控制

战略控制是将战略执行过程中实际达到目标所取得的成果与预期的战略目标进行比较,评价达标程度,分析其原因;及时采取有力措施纠正偏差,以保证战略目标的实现。实践表明,推行目标管理是实施战略执行和战略控制的有效方法。根据市场变化,适时进行战略调整。建立跟踪监视市场变化的预警系统,对企业发展领域和方向、专业化和多元化选择、产品结构、资本结构和资金筹措方式、规模和效益的优先次序等进行不断地调研和战略重组,使企业的发展始终能够适应市场要求,达到驾驭市场的目的。

五、企业资源及其配置与管理

企业是由各种资源组成的,同时企业也正是通过对这些资源的组织和利用,才得以创造出满足社会需要的各种产品或服务。资源对于社会和企业的可持续发展具有绝对重要的作用,企业资源是企业竞争优势的来源,是造成企业间业绩差异的主要因素。企业管理的实质就是通过有效地配置企业拥有的各种资源,实现最大化的企业经营目标。因此,企业要想从资产投资中获得最大的收益,就需要在企业的各个部门进行均衡的资源配置和有效的管理。

现代企业资源是指一切直接或间接地为企业经济活动所需要并构成生产要素的、具有一定开发利用选择性的资源。主要包括人力、财务、实物、信息、技术、管理、时空等资源。

(一) 人力资源

人力资源是指存在于企业组织系统内部和可利用的外部人员的总和,包括这些人的体力、智力、人际关系、心理特征及其知识经验的总汇。这个总汇含义具有特殊性,人力资源表现为一定的物质存在——人员的数量,同时更重要的是表现为这些员工内在的体力、智力、人际关系、知识经验和心理特征等无形物质。所以人力资源是有形与无形的统一资源,即人力资源是一种"物质的有形资源"与"非物质的无形资源"的统一体。在任何一种劳动尤其是现代复杂的劳动中,劳动力的支出不仅表现为体力的支出,更多地表现为脑力或智力的支出。在一个企业中,它是企业资源结构中最重要的关键资源,是企业技术资源和信息资源的载体,是其他资源的操作者,决定着所有资源效力的发挥水平。

人力资源管理是现代企业管理的核心之一。对于企业而言,人力资源的数量和质量,特别是他们的心理与技术素质是企业能否取得效率和效益的关键。只有有效地开发人力资源,合理、科学地管理人力资源,企业才能蓬勃发展,蒸蒸日上。

(二) 财务资源

财务资源是指企业物质要素和非物质要素的货币体现。具体表现为已经发生的能用会计方式记录在账的、能以货币计量的各种经济资源，包括资金、债权和其他权利，既包括静态规模的大小，也包括动态周转状况，在一定程度上还包括企业获取和驾驭这些资源要素的能力和水平。反映企业财务资源状况的工具是企业的一系列财务报表。在企业财务资源系统中，最主要的资源是资金（资金流动的起点和终点是现金）。

企业经营之初要筹集资本，资本的构成有负债和权益两个来源。负债可分为两个类型：一个是长期负债，一般是指企业从银行获得的长期贷款；另一个是短期负债，一般是指企业从银行获得的短期贷款。权益一般是指企业创建之初，所有股东的集资，以后也代表股东投资。表1-1中的左边部分代表企业的资产构成。企业将获得的资金投资在企业的建设上，通常投资分为流动资产投资和非流动资产投资。流动资产主要包括原材料等，非流动资产又分为固定资产和无形资产，固定资产包括厂房和生产线等，无形资产包括产品研发、市场开拓投资等。

表1-1 企业资产负债计算示意

资产	金额	负债和所有者权益	金额
流动资产：		负债：	
现金	20	长期负债	40
应收款	15	短期负债	
在制品	8	应付账款	
成品	6	应交税金	1
原料	3	负债合计：	41
流动资产合计	52		
固定资产：		所有者权益：	
土地和建筑	40	股东资本	50
机器与设备	13	利润留存	11
在建工程		年度净利	3
固定资产合计	53	所有者权益合计	64
资产总计	105	负债和所有者权益总计	105

可以这么说，企业的资产就是资本转化过来的，而且是等值地转化。所以在财务的资产负债表中，左边与右边一定是相等的。如表1-1所示，资产负债表左边资产总计是105，右边负债和所有者权益总计也是105。

企业通过运作资产，包括生产产品、组织销售、拿到销售收入等活动，来为股东产生收益。利润来自销售，但销售额不全都是利润。在拿回销售款之前，必须要采购原材料、支付工人工资以及其他生产加工时必需的费用，最终生产出产品。当产品卖掉，拿回销售款时，收入中要抵扣掉这些直接成本。除此之外，收入中还要抵扣掉企业为形成这些销售支付的各种费用，包括产品研发费用、广告投入费用、市场开拓费用、设备维修费用等。这些费用也是在拿到收入之前已经支付的。

此外，设备、厂房在生产运作后一定会贬值，就好比 50 万元的一辆汽车，开三年之后肯定不值 50 万。资产缩水了，与资本转换成资产的价值产生了差额，这部分损失应当从销售额中得到补偿，也就是销售额中应当抵扣的部分。经过三个方面的抵扣之后，剩下的部分才是利润。资本中有很大一块来自银行的贷款，企业在很大程度上是靠银行的资金产生利润的；而银行之所以贷款给企业，当然需要收取利息回报。所以利润中需要划拨给银行一部分。

企业在运营之中，离不开国家的投入。比如道路，企业要使用国家投资建设的城市道路，而修公路、环境保护和绿化都是由国家投资去做的，企业是享受者，所以，盈利后应给国家纳税。最后的净利润，才是股东的。以上的财务数据的关系，可以用表 1－2 来加以表示说明。

表 1－2　企业利润计算示意

项目	上年数	本年数
销售收入	35	
直接成本	12	
毛利	23	
综合费用	11	
折旧前利润	12	
折旧	4	
支付利息前利润	8	
财务收入/支出	4	
其他收入/支出		
税前利润	4	
所得税	1	
净利润	3	

（三）实物资源

实物资源主要是指在使用过程中具有物质形态的固定资产，包括工厂车间、机器设备、工具器具、生产资料、土地、房屋等各种企业财产。由于大多数固定资产的单位价值较大，使用年限较长、物质形态较强、流动能力较差，其价值大多显示出边际收益递减规律的一般特性（当然也有一些固定资产即使在折旧完毕之后仍然具有使用价值和价值，甚至会增值，如繁华地段的商业店铺等）。在传统工业中，固定资产是企业资源系统的重要组成部分，是衡量一个企业实力大小的重要标志。

现代企业实物资源管理主要是对企业生产经营所需的各种物资进行计划、采购、使用和库存等的组织和控制。

（四）信息资源

信息资源是指客观世界和主观世界的一切事物的运动状态和变化方式及其内在含义和效

用价值。企业的信息资源由企业内部和外部各种与企业经营有关的情报资料构成。信息资源在企业的资源结构中起着支持和参照作用，具有普遍性、共享性、增值性、可处理性和多效用性，"知己知彼，百战不殆"就是运用信息资源使整体资源增值的最好诠释。与技术资源相同的是，信息资源同样需要以人力资源为基础载体，以财力资源和物力资源作为基本依托。

随着经济全球化发展，现代企业信息资源管理在现代企业经营决策中的作用更加突出，要实现最大限度的信息资源的利用，信息集成是首要条件。信息管理的集成度不断提高，从几个不同企业部门的信息集成到单个企业所有部门的信息集成再到不同企业之间的信息集成。在系统信息集成度不断提高的同时，企业管理理论和思想也在不断发展，促进了管理信息系统的发展。而企业资源计划系统 ERP 就是管理信息系统发展到现阶段的高级形式。

（五）技术资源

技术资源包括形成产品的直接技术和间接技术以及生产工艺技术、设备维修技术、财务管理技术、生产经营的管理技能。此外，技术资源还应包括市场活动的技能、信息收集和分析技术、市场营销方法、策划技能以及谈判推销技能等市场发展的技术。技术资源是决定企业业务成果的重要因素，其效力发挥依托于一定水平的财务资源和实物资源。另外，企业的人力资源也是技术资源的载体，对技术资源的形成、发展和效力发挥着关键作用。

（六）管理资源

管理是对企业资源进行有效整合以达到企业既定目标与责任的动态创造性活动，它是企业众多资源效力发挥的整合剂，其本身也是企业一项非常重要的资源要素。管理与科技被喻为现代社会经济发展的两个轮子，直接影响乃至决定着企业资源整体效力发挥的水平。管理资源包括三个方面，一是企业管理制度，二是组织机构，三是企业管理策略。

（七）时空资源

所谓时空资源是指企业在市场上可以利用的、作为公共资源的经济时间和经济空间。时间资源（经济时间）是指人类劳动直接或间接开发和利用的自然时间或日历时间。作为一般物质运动和自然尺度的自然时间经过人类的加工改造，就会变成经济运行的劳动尺度时间（经济时间），这样就使得一定量的自然时间在时间结构上（时比）发生变化，从而使经济运行的时间效率（时速）也随之改变，最后导致经济运行的时间效益（时效）也必然发生变化。所谓空间资源（经济空间）是指人类劳动直接改造和利用的、承接现实经济要素运行的自然空间。自然空间是经济空间的自然基础和潜在形式，经过人类劳动的改造而转变成为现实生产力的运动形式，劳动力的空间布局开始为人类科学地、自觉地选择和控制，并由此取得增产或节约，也就是获得空间布局的效益。

六、企业生产经营管理

企业的生产经营活动包括两大部分，一部分是属于企业内部的活动，即以生产为中心的基本生产过程、辅助生产过程以及产前的技术准备过程和产后的服务过程，对这些过程的管理统称为生产管理；另一部分是属于企业外部的活动，联系到社会经济的流通、分配、消费等过程，包括物资供应、产品销售、市场预测与市场调查、用户服务等，对这些过程的管理统称为经营管理，它是生产管理的延伸。

企业内各部门都有其明确的生产经营管理的任务，作为一个整体，从全局角度看，企业的生产经营活动主要包括以下几方面。

（1）如何在市场和外部竞争环境求得生存是企业的核心问题，企业既要有正确的长期发展战略，又要能够根据企业内外部竞争环境的变化及时进行企业运作方式的变化，这需要企业决策者不仅应当获取尽可能多的外部市场信息，而且对自己企业的现状应了如指掌。

（2）在市场经济的快速变换环境中，企业必须能够快速满足市场（客户）的需要和变化，必须合理配置和利用企业有限的资源，获得更多的经济效益。这就需要各部门之间有效的沟通以及快速的决策反应，有效地支持企业内部沟通和支持跨部门的业务流程。如果市场营销人员只是了解顾客的需要及销售的淡旺季，不知道这些需求会和生产部门发生什么样的冲突，生产部门人员只是知道生产产品必需的时间和成本，不了解需要什么样的销售力量，也就是说，各个部门在相互理解上存在问题，或者对公司的战略目标有不同的理解，他们努力的方向可能达不到公司预定的目标。

（3）企业经营决策的正确、企业经营管理的效率和效益，来自科学的管理。销售计划的制订、生产能力的计算、采购订货的策略、产品成本与价格的计算、财务状况的分析等一系列问题，既需要准确的经营数据，又需要有科学的计算、推演方法。

七、企业营销管理

企业营销管理是指为了实现企业或组织目标，建立和保持与目标市场之间的互利的交换关系，而对设计项目的分析、规划、实施和控制。营销管理的具体过程包括：

（一）分析市场机会

市场机会是指某种特定的营销环境条件，在该营销环境条件下企业可以通过一定的营销活动创造利益。市场机会可以为企业赢得利益的大小表明了市场机会的价值，市场机会的价值越大，对企业利益需求的满足程度也越高。市场机会的产生来自于营销环境的变化，如新市场的开发、竞争对手的失误以及新产品新工艺的采用等，都可能产生新的待满足需求，从而为企业提供市场机会。

（二）选择目标市场

所谓目标市场，就是企业营销活动所要满足的市场，是企业为实现预期目标而要进入的市场。企业的一切营销活动都是围绕目标市场进行的。在进行目标市场选择时，首先需要进行市场细分。

市场细分是企业根据消费者需求的不同，把整个市场划分成不同的消费者群的过程。其客观基础是消费者需求的异质性。进行市场细分的主要依据是异质市场中需求一致的顾客群，实质就是在异质市场中求同质。

有三种不同的目标市场选择策略可供企业选择：无差异市场营销、差异市场营销和集中市场营销。

无差异市场营销是指企业在市场细分后不考虑各子市场的特性，只注重子市场的共性，决定只推出单一产品，运用单一的市场营销组合，力求在一定程度上满足尽可能多的顾客的需求。优点是有利于降低生产、存货、运输、研究、促销等成本费用；缺点是单一产品要以同样的方式广泛销售并受到消费者的喜欢这几乎是不可能的。

差异市场营销是指企业决定同时为几个子市场服务，设计不同的产品，并在渠道、促销、和定价方面都加以相应的改变，以适应各个子市场的需要。优点是企业的产品种类如果同时在几个子市场都占有优势,就会提高重复购买率,而且通过多样化的渠道和多样化的产品线进行销售,通常会使总销售额增加;缺点是会使企业的生产成本和市场营销费用增加。

集中市场营销是指企业集中所有力量,以一个或少数几个性质相似的子市场作为目标市场,试图在较少的子市场上占有较大的市场占有率。一般是资源有限的中小企业或者是初次进入新市场大企业。优点是比较容易在这一特定市场取得有利地位,选择子市场得当会获得较高的投资收益率;缺点是有较大的风险,一旦市场情况突然变坏可能会使企业陷入困境。

企业一旦选定了目标市场,就要在目标市场上进行产品的市场定位。市场定位的方法主要包括根据产品属性和利益定位、根据产品价格和质量定位、根据产品的用途定位、根据使用者定位、根据产品档次定位、根据竞争地位定位和多重因素定位。

(三)拟定市场营销组合

企业在生产出适合目标市场需要的产品的基础上,应该合理设计销售渠道,准确制定产品价格,适当开展促销活动,并注重维持良好的顾客关系。根据美国营销学者杰罗姆·麦卡锡的研究,营销策略组合主要包括四项内容,即:

(1)产品策略,包括产品的开发与生产、产品的包装、产品的商标和产品的质量保证等;

(2)定价策略,涉及价格政策和具体定价两个方面;

(3)渠道策略,包括选择产品销售的地点、保持适当的库存、选择合适的中间商与零售商和维持有效的流通中心等;

(4)促销策略,涉及以下几个方面:向潜在顾客介绍本公司的新产品、新品名、新式样等,激起潜在顾客购买该公司产品的欲望,使客户不断保持对该公司产品的信赖和兴趣,在顾客中树立该公司完美的形象等。

第二节 ERP 基础知识

当今社会被称为"信息社会",如何利用信息技术,改善企业运营的方式,提高企业运营的效率,是所有企业不得不面临的挑战。信息技术在企业中的运用,也是企业信息化的过程。企业信息化的过程应在统一的规划下以系统的观点来建立企业集成化的信息系统,如 ERP 系统。需要强调的是,ERP 不仅是一个软件,更是一种管理思想、一种企业解决方案,它是企业管理在面对竞争、在应用信息技术中所提出的一个企业集成信息系统解决方案。

一、ERP 的定义

ERP 是企业资源计划(Enterprise Resource Planning)的英文缩写。ERP 的概念是 20 世纪 90 年代初由美国著名的咨询公司 Gartner Group(加特纳集团公司)在总结了 MRP II 软件在应用环境和功能方面的主要发展时提出的,它是指建立在信息技术基础上,以系统化的管理思想,为企业决策层及员工提供决策运行手段的管理平台。Gartner Group 信息技术词汇表中关于 ERP 的定义为,"(ERP)是一个由 Gartner Group 开发的概念,描述下一代制造经营系统和制造资源计划(MRP II)的软件。它包含客户/服务架构,使用图形用户接口,采用开放式系统制作。它除了已有(MRP II)的标准功能外,还包括其他特性,如质量、过程运作管理以及管制报告等。"

可以从管理思想、软件产品、管理系统三个层次上对 EPR 进行理解:

① 它是一整套企业管理系统体系标准，具有在 MRP Ⅱ 基础上发展而成的面向供应链的管理思想；

② 它是综合应用了客户机/服务器体系、关系数据库结构、面向对象技术、图形用户界面、第四代语言（4GL）、网络通信等信息产业成果，以 ERP 管理思想为灵魂的软件产品；

③ 它是整合了企业管理理念、业务流程、基础数据、人力物力、计算机硬件和软件于一体的企业资源管理系统。

二、ERP 理论的发展历程

对 ERP 理论发展历程的了解能很好地掌握 ERP 的原理。ERP 理论的形成是随着产品复杂性的增加，市场竞争的加剧及信息全球化而产生的。20 世纪 60 年代的制造业为了打破"发出订单，然后催办"的计划管理方式，设置了安全库存量，为需求与订货提前期提供缓冲。20 世纪 70 年代，企业的管理者们已经清楚地认识到，真正的需要是有效的订单交货日期，因而产生了对物料清单的管理与利用，形成了物料需求计划——MRP。20 世纪 80 年代，企业的管理者们又认识到制造业要有一个集成的计划，以解决阻碍生产的各种问题。要以生产与库存控制集成方法来解决问题，而不是以库存来弥补或以缓冲时间方法去补偿，于是 MRP Ⅱ，即制造资源计划产生了。20 世纪 90 年代以来，随着科学技术的进步及其不断向生产与库存控制方面的渗透，解决合理库存与生产控制问题所需要处理的大量信息和企业资源管理的复杂化，要求信息处理的效率更高。传统的人工管理方式难以适应以上系统，这时只能依靠计算机系统来实现。而且信息的集成度要求扩大到企业的整个资源的利用和管理，因此产生了新一代的管理理论与计算机系统——企业资源计划 ERP。

具体而言，ERP 的形成大致经历了四个阶段：MRP（物料需求计划）阶段、闭环 MRP 阶段、MRP Ⅱ 阶段以及 ERP 阶段。

（一）MRP（物料需求计划）

20 世纪 40 年代初期，西方经济学家通过对库存物料随时间推移而被使用和消耗的规律的研究，提出了订货点的方法和理论，并将其运用于企业的库存计划管理中。

早在 20 世纪 30 年代初期，企业控制物料的需求通常采用控制库存物品数量的方法，为需求的每种物料设置最大库存量（最高储备量）和安全库存量（保险储备量）。最大库存量是为库存容量、库存占用资金的限制而设置的。安全库存量又称最小库存量，意思是说物料的消耗不能小于安全库存量。由于物料的供应需要一定的时间（即供应周期，如物料的采购周期、加工周期等），因此不能等到物料的库存量消耗到安全库存量时才补充库存，而必须有一定的时间提前量（订货提前期，又称到货期），即必须在安全库存量的基础上增加一定数量的库存。这个库存量作为物料订货期间的供应量，即应该满足这样的条件：当物料的供应到货时，物料的消耗刚好到了安全库存量。这种控制模型必须确定两个参数：订货点与订货批量，如图 1-1 所示。

这种模型在当时的环境下也起到了一定的作用，但随着市场的变化和产品复杂性的增加，它的应用受到一定的限制。订货点应用的条件是：物料的消耗相对稳定，物料的供应比较稳定，物料的需求是独立的，物料的价格不是太高。

订货点控制法受到众多条件的限制，而且不能反映物料的实际需求，往往为了满足生产需求而不断提高订货点的数量，从而造成库存积压，库存占用的资金大量增加，产品成本也

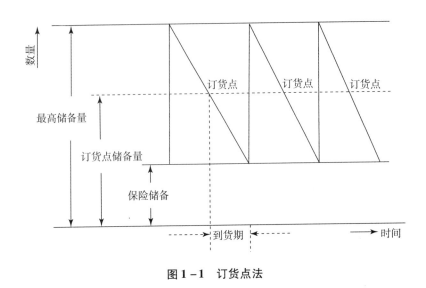

图1-1 订货点法

就随之较高,企业缺乏竞争力。20世纪60年代,IBM公司的约瑟夫·奥利佛博士提出了把对物料的需求分为独立需求与相关需求的概念。在此基础上,人们形成了"在需要的时候提供需要的数量"的重要认识。理论的研究与实践的推动,发展并形成了物料需求计划理论,即基本的MRP。

这种思想提出物料的订货量是根据需求来确定的,这种需求应考虑产品的结构,即产品结构中物料的需求量是相关的。企业生产产品可以说是从原材料的购买开始的,也就是说,任何产品最终都由原材料构成。原材料经过一定的生产加工,发生物理和化学变化,然后经过组装和配制形成产品的组件,也即中间件,再通过一定的加工(组装等)形成最终产品。产品的结构与产品的复杂程度有关,有的产品由成千上万个零部件组成,如飞机、火箭、轮船、汽车等;有的比较简单,如镜子、文具盒、圆珠笔等。

MRP的数据处理是依据产品结构树(产品结构层次图)展开的。图1-2给出了产品结构层次图,顶层的是最终产品(是指生产的最终产品,但不一定是市场销售的最终产品),最下层的是采购件(原材料),其余为中间件。这样就形成了一定的结构层次。在由直接构成的上下层关系中,把上层的物料(组件)称为母件(有时称为父件,其道理是一样的),下层的构成件都称为该母件的子件。因此,处于中间层的所有物料(组件、部件),既是其上层的子件,又是其下层的母件。由于产品构成的层次性,产品在生产时的生产和组装就存在一定的顺序,先生产层次最低(2层)的子件,再组装中间层次的组件,最后总装为最终产品。以这样的顺序安排生产,排出主生产计划。

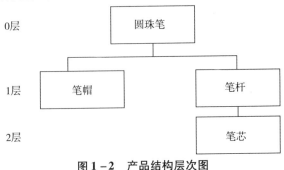

图1-2 产品结构层次图

MRP 系统从主生产计划、独立需求预测以及厂外零部件订货的输入可以确定"我们将要生产什么？"，通过 BOM 可以回答"用什么来生产？"把主生产计划等反映的需求沿各产品的 BOM 进行分解，从而得知"为了生产所需的产品，我们需要用些什么？"然后和库存记录进行比较来确定物料需求，即回答"我们还需要再得到什么？"通过这样的处理过程使得在 MRP 系统控制下的每项物料的库存记录都总能正确地反映真实的物料需求。其处理逻辑如图 1-3 所示。

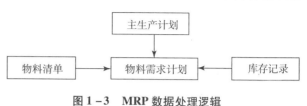

图 1-3 MRP 数据处理逻辑

具体的数据处理过程如下：

MRP 系统对每项物料的库存状态按时区做出分析，自动地确定计划订货的数量和时间，并提醒人们不断地进行调整。物料的库存状态数据包括：库存量、预计入库量和毛需求量。

库存量也称为库存可用量，是指某项物料在某个时区的库存数量。预计入库量是指本时区之前各时区已下达的订货，预计可以在本时区之内入库的数量。毛需求量是为满足市场预测或客户订单的需求或上属物料项目的订货需求（可以是多项订货需求）而产生的对该项物料的需求量，这是一个必须提供的数量。净需求量则是从毛需求量中减去库存可用量和预计入库量之后的差。在计算上，净需求量的值可以通过库存量的变化而得到。方法是首先按下面公式求各时区的库存量：

某时区库存量 = 上时区库存量 + 本时区预计入库量 − 本时区毛需求量

当库存量出现第一个负值时，就意味着第一次出现净需求，其值等于这个负值的绝对值。以后出现的库存量负值，则以其绝对值表示直至所在时区的净需求量累计值。物料的净需求及其发生的时间指出了即将发生的物料短缺。因此，MRP 可以预见物料短缺。为了避免物料短缺，MRP 将在净需求发生的时区内指定计划订货量，然后考虑订货提前期，指出订货计划下达时间。

（二）闭环 MRP

MRP 只局限在物料需求方面，物料需求计划仅仅是生产管理的一部分，而且要通过车间作业管理和采购作业管理来实现。同时还必须受到生产能力的约束，但实际生产中的条件是变化的。如企业的制造工艺、生产设备及生产规模都是发展变化的；甚至要受社会环境的影响，如能源的供应、社会福利待遇等的影响。基本 MRP 制订的采购计划可能受供货能力或运输能力的限制而无法保障物料的及时供应。另外，如果制订的生产计划未考虑生产线的能力，因而在执行时经常偏离计划，计划的严肃性将受到挑战。因此，利用基本 MRP 原理制订的生产计划与采购计划往往容易造成不可行。因为信息是单向的，与管理思想不一致，管理信息必须是闭环的信息流，由输入至输出再循环影响至输入端，从而形成信息回路。因此，随着市场的发展及基本 MRP 的应用与实践，20 世纪 80 年代初在此基础上发展形成了闭环 MRP 理论。

闭环 MRP 理论认为主生产计划与物料需求计划（MRP）应该是可行的，即考虑能力的约束，或者对能力提出需求计划。在满足能力需求的前提下，才能保证物料需求计划的执行和实现。在这种思想要求下，企业必须对投入与产出进行控制，也就是对企业的能力进行校检和执行控制。闭环 MRP 流程如图 1-4 所示。

现对整个闭环 MRP 的过程进行概述。企业根据发展的需要与市场需求来制订企业生产规划；根据生产规划制订主生产计划，同时进行生产能力与负荷的分析。该过程主要是针对

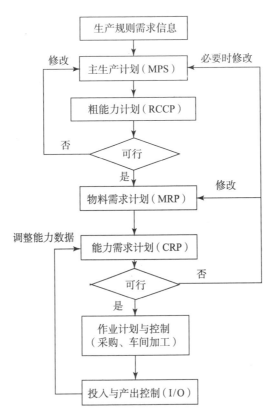

图 1-4 闭环 MRP 流程

关键资源的能力与负荷的分析过程。只有通过对该过程的分析，才能达到主生产计划基本可靠的要求。再根据主生产计划、企业的物料库存信息、产品结构清单等信息来制订物料需求计划；由物料需求计划、产品生产工艺路线和车间各加工工序能力数据（即工作中心能力，其有关的概念将在后面介绍）生成对能力的需求计划，通过对各加工工序的能力平衡，调整物料需求计划。如果这个阶段无法平衡能力，还有可能修改主生产计划；采购与车间作业按照平衡能力后的物料需求计划执行，并进行能力的控制，即输入输出控制，并根据作业执行结果反馈到计划层。因此，闭环 MRP 能较好地解决计划与控制问题，是计划理论的一次大飞跃（但它仍未彻底地解决计划与控制问题）。

（三）MRP Ⅱ（制造资源计划）

从闭环 MRP 的管理思想来看，它在生产计划的领域中确实比较先进和实用，生产计划的控制也比较完善。闭环 MRP 的运行过程主要是物流的过程（也有部分信息流），但生产的运作过程，产品从原材料的投入到成品的产出过程都伴随着企业资金的流通过程，对这一点，闭环 MRP 却无法反映出来。并且资金的运作会影响到生产的运作，如采购计划制订后，由于企业的资金短缺而无法按时完成，这样就影响到整个生产计划的执行。

1977 年 9 月，美国著名生产管理专家奥列弗·怀特（Oliver W·Wight）提出了一个新概念——制造资源计划（Manufacturing Resources Planning），它的简称也是 MRP，但是广义的 MRP。为了与传统的 MRP 区别，其名称改为 MRP Ⅱ。MRP Ⅱ 对于制造业企业资源进行有效计划具有一整套方法。MRP Ⅱ 与 MRP 的主要区别就是它运用管理会计的概念，用货币形式说明了执行企业"物料计划"带来的效益，实现物料信息同资金信息集成。衡量企业经营效益首先要计算产品成本,产品成本的实际发生过程还要以 MRP 系统的产品结构为基础,从最底层采购件的材料费开始,逐层向上将每一件物料的材料费、人工费和制造费(间接成本)积累,得出每一层零部件直至最终产品的成本。再进一步结合市场营销,分析各类产品的获利性。MRPⅡ把传统的账务处理与发生账务的事务结合起来,不仅说明财务的资金现状,而且追溯资金的来龙去脉。例如将体现债务债权关系的应付账、应收账与采购业务和销售业务集成起来,同供应商或客户的业绩或信誉集成起来,同销售和生产计划集成起来等,按照物料位置、数量或价值变化,定义"交易处理(Transaction)"使与生产相关的财务信息直接由生产活动生成。在定义交易处理相关的会计科目时,按设定的借贷关系,自动转账登录,保证了"资金流(财务账)"与"物流(实物账)"的同步和一致,改变了资金信息滞后于物料信息的状况,便于实时做出决策。MRPⅡ的逻辑流程图如图 1-5 所示。

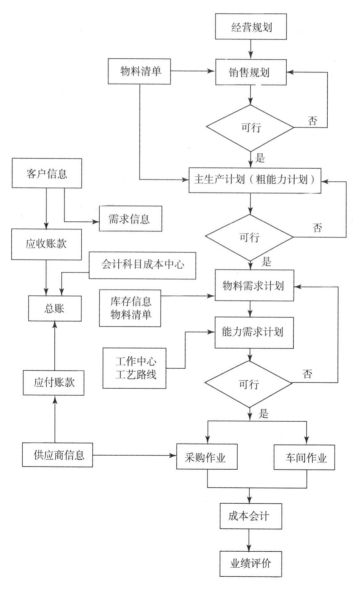

图 1-5 MRPⅡ逻辑流程图

(四) ERP (企业资源计划)

20 世纪 80 年代末,随着企业生产经营国际化的发展,一些企业开始感到传统的 MRP Ⅱ 软件所包含的功能已不能满足企业生产经营管理的需要。为此在 20 世纪 90 年代,研制出了更高层次的企业管理信息系统,即企业资源计划系统 (Enterprise Resources Planning System),简称 ERP。

ERP 理论与系统是从 MRP Ⅱ 发展而来的,它除继承了 MRP Ⅱ 的基本思想(制造、供销及财务)外,还大大地扩展了管理的模块,如工厂管理、质量管理、设备管理、运输管理、分销资源管理、过程控制接口、数据采集接口、电子通信等模块。它融合了离散型生产和流程型生产的特点,扩大了管理的范围,更加灵活或"柔性"地开展业务活动,实时地响应市场需求。它还融合了多种现代管理思想,进一步提高了企业的管理水平和竞争力。因此 ERP 理论不是对 MRP Ⅱ 的否认,而是继承与发展。

三、ERP 解决方案

ERP 作为一种解决方案,其主要思想是对企业内部乃至外部资源进行优化配置,规范流程,提高企业资源的效率。通过 ERP 系统很多先进的管理思想得以变成现实中可实施应用的计算机软件系统,并进而帮助企业建立新的管理系统。

(一) ERP 提供基于信息的管理

企业是由人、财、物、产、供、销等众多子系统组成的社会、物理、经济系统,循着生产的投入、转换、产出的过程运行着,组成生产要素的人、财、物从投入转换到产出都在发生变化,企业的管理必然是一个复杂的系统工程。企业管理是企业为了实现预期的目标,对组织内群体的行为进行有意识协调的过程。ERP 系统使企业能全面掌握企业内外部环境的信息,提供全范围的过程管理。因而它能有效地支持企业在竞争激烈、复杂多变的市场环境下迅速做出决策和实施决策,保证企业经营的成功,因此受到企业特别是大中型企业的重视和采用。

(二) ERP 提供实时、完整、集成的信息支持

ERP 是一项系统工程,它把企业所有与生产经营直接相关部门的工作联结成一个整体,使企业各部门都依据同一数据信息进行管理,任何一种数据变动都能及时地反映给所有部门,做到数据共享。在统一的数据库支持下,按照规范化的处理程序进行管理和决策。

比如,要提高市场竞争,就要迅速响应客户需求,并按时交货,这就需要市场销售和生产制造两个环节很好地协调配合。但是,在手工管理的情况下,销售人员很难对客户做出准确的供货承诺。一方面由于企业缺少一份准确的主生产计划,对于正在生产什么,以及随时发生的变化很难得到准确及时的反映;另一方面,部门之间的通信也不通畅。供货承诺只能凭经验做出,按时供货得不到保证。

在主生产计划的支持下,市场营销和生产制造部门可以有效合作,ERP 系统可以根据产销两方面的变化,随时更新对客户的可承诺数量。例如,某产品的当前库存为 500 个单位,生产计划为 2 500 个单位,已经接到而尚未履行的客户订单为 1 200 个单位,则可承诺量为:$500 + 2\,500 - 1\,200 = 1\,800$ 个单位,表示销售人员在当前的生产计划和供货状况下,能再承诺给新订单的数量。

(三) ERP 提供基于业务流程的供需链管理

任何制造业都是根据客户或市场的需求,开发产品、购进原料、加工制造出成品,以商

品的形式销售给客户,并提供售后服务。物料从供方开始,沿着各个环节(原材料——在制品——半成品——成品——商品)向需方移动,每一个环节都存在"需方"与"供方"的对应关系,形成一条首尾相连的长链,成为供需链。

在供需链上除了物料的流动外,还有信息的流动。信息有两种类型,其中需求信息(如预测、销售合同、主生产计划、物料需求计划、加工单、采购订单等)同物料流动方向相反,从需方向供方流动;需求信息引发的供给信息(如收货入库单、完工报告、可供消耗量、提货发运单等),同物料一起在供需链上从供方向需方流动。

正因为有市场需求,才产生企业的各项业务活动。而任何业务活动都会消耗一定的资源,消耗资源会导致资金流出。只有当消耗资源生产出的产品或服务出售给客户后,资金才会重新流回企业,并产生利润。因此,供需链上还有资金的流动。为了合理利用资金、加快资金周转,必须通过企业的财务成本系统来控制供需链上的各项经营活动,或者说,通过资金的流动来控制物料的流动。

第三节 ERP 在企业中的运用

一、应用现状

1981 年沈阳第一机床厂从德国工程师协会引进了第一套 MRP Ⅱ 软件开始至今已有 30 多年。该软件应用的主要行业有:机械 24.4%、汽车 17.3%、电子 15.5%、石化 11.1%、医药 8.4%、烟草 7.0%、消费类产品 6.1%、其他 10.4%。MRP Ⅱ/ERP 在中国的推广与应用经历了三个阶段。

第一阶段主要是 MRP Ⅱ 的引进、实施和应用,范围主要是传统的机械行业。由于当时我国的经济环境是以计划经济为主、市场调节为辅时期,国有企业参与市场竞争的意识不强,企业基础管理落后,制造资源利用低。为改变这种状况,我国从国外引进了 MRP Ⅱ 软件,先后在沈阳第一机床厂、北京第一机床厂、上海冶金矿山机械厂、沈阳水泵厂、沈阳鼓风机厂等机械行业进行试点。

由于当时国内经济环境缺乏 MRP Ⅱ 应用与实施经验,并且引进的软件大都没有完成本地化工作,缺少相应的技术支持和服务,在许多方面进行了大量的二次开发。从整体上看,企业所取得的效益不显著。

第二阶段从 1990 年到 1996 年,我国提出 863 高技术计划 CIMS 应用示范工程在很大程度上推动了 MRP Ⅱ 的应用,有覆盖十多个行业的 200 多家国有企业在实施 CIMS 工程。其中,许多企业采用了 MRP Ⅱ 系统,如沈阳飞机制造公司、成都飞机制造公司、上海飞机制造公司等,计算机系统也多采用了先进的客户机/服务器的体系结构,其应用给企业带来较大的经济效益。

此阶段应用取得了较大的成绩,但也存在许多不足,如:
(1) 企业在选择 MRP Ⅱ 时缺乏整体规划,造成后续全面集成的困难;
(2) 应用范围、应用水平不高;
(3) 管理的范围和功能局限于企业内部;
(4) 由于项目的管理不当,造成实施周期长、实施效果不佳等缺陷。

第三阶段从 1997 年至今，由于信息技术的发展，ERP 已逐渐取代 MRPⅡ成为管理软件的主导产品。随着国外厂商如 SAP、ORACLE、BAAN 地不断涌入，以及国内软件厂商进入 ERP 市场开发，国内许多知名国有企业如长虹集团、红塔集团纷纷实施 ERP 项目，ERP 的应用进入了发展阶段。应用范围也从制造业扩展到第二、第三产业；并且由于不断的实践探索，应用效果也得到了显著提高。

我国从 MRPⅡ到 ERP 的应用，经历了几十年的风风雨雨，从目前已实施 ERP 的企业来看，实施成功的企业仅占 10%~20%，局部应用成功的为 30%~40%，约有 50% 的企业是失败的。在国有企业中，实施成功的比例就更小。

然而，对于 ERP 系统的成功应用，理论界却没有一个统一的标准。对于企业来说，ERP 给企业带来了效益，企业就认为 ERP 应用是成功的；而对于生产厂家而言，他们认为 ERP 系统上线就是成功了。因此，有必要对 ERP 的成功标准进行分析。

二、ERP 成功标尺

对于任何一件事，成功总是相对的，而非绝对的。成功与否有一个衡量的标准，即目标是否得到了实现。对 ERP 的实施效果进行评价就是要看 ERP 的实施是不是达到了预期的实施目标。ERP 系统的实施目标体现在企业的 ERP 需求分析报告和投资效益分析报告中。这两份报告分别含有 ERP 功能目标、企业管理层获取信息目标、业务流程改造目标、ERP 系统收益与成本的权衡分析等内容。对比 ERP 的事实效果与预期目标，就可以科学地评价 ERP 系统的效果如何。原则上我们从四个方面评价 ERP 系统的实施是不是成功。

1. 系统运行集成化

这是 ERP 应用成功在技术解决方案方面最基本的表现。ERP 系统应该是对企业物流、资金流、信息流进行一体化管理的软件系统，其核心管理思想就是实现对"供应链"的管理。软件的应用将跨越多个部门甚至多个企业，为了达到预期设定的应用目标，最基本的要求是系统能够运行起来，实现集成化应用，建立企业决策完善的数据体系和信息共享机制。

一般来说，ERP 系统在财务、销售、库存管理、生产部门集成一体化运行起来达到的具体的标准是：

（1）降低库存，提高资金利用率和控制经营风险；

（2）控制产品生产成本，缩短产品生产周期；

（3）提高产品质量和合格率；

（4）减少财务坏账、呆账金额等。

2. 业务流程合理化

这是 ERP 应用成功在改善管理效率方面的表现。ERP 应用成功的前提是必须对企业实施业务流程重组，因此，ERP 应用成功也即意味着企业业务处理流程趋于合理化，并实施了 ERP 应用的以下几个最终目标：

（1）企业竞争力得到了大幅度提升；

（2）企业面对市场的响应速度大大加快；

（3）客户满意度显著改善。

3. 绩效监控动态化

ERP 的应用将为企业提供丰富的管理信息，如何用好这些信息并在企业管理和决策过程中真正起到作用是衡量 ERP 是否应用成功的另一个标志。在 ERP 系统完全投入实际运行后，企业应根据管理需要，利用 ERP 系统提供的信息资源设计出一套动态监控管理绩效变化的报表体系，以期即时反馈和纠正管理中存在的问题。这项工作一般是在 ERP 系统实施完成后由管理咨询公司的专业咨询顾问帮助企业设计完成。企业未能利用 ERP 系统提供的信息资源建立起自己的绩效监控系统，将意味着 ERP 系统应用没有完全成功。

4. 管理改善持续化

随着 ERP 系统的应用和企业业务流程的合理化，企业管理水平将会明显提高。为了衡量企业管理水平的改善程度，可以依据管理咨询公司提供的企业管理评价指标体系对企业管理水平进行综合评价。评价过程本身并不是目的，为企业建立一个今后可以不断进行自我评价和管理不断改善的机制才是真正目的。这也是 ERP 应用成功的一个经常不被人们重视的标志。

企业可以参照以上四条标准来检验自己 ERP 系统的实施效果，评判自己是不是已经取得了 ERP 实施的成功。而按照上述 ERP 成功标准可以看出，我国国有企业实施 ERP 的成功率不高。

模块二

ERP 沙盘简介

学习目标

- 了解 ERP 沙盘模拟实训课程的特点、主要内容，及其学习目标；
- 熟悉生产型企业的组织结构；
- 熟悉团队构成与职能定位；
- 掌握 ERP 沙盘结构。

相关知识

第一节 ERP 沙盘模拟实训课程介绍

管理大师德鲁克说："管理是一种实践，其本质不在于'知'而在于'行'，其验证不在于逻辑，而在于成果，其唯一权威就是成就。"可见管理实践教学的重要性，但是多年来一直缺乏有效的教学手段。ERP 沙盘模拟实训课程将企业经营合理简化，但同时反映出企业经营本质，让学生在这个沙盘上进行实践演练，为管理实践教学提供了良好的手段。

一、ERP 沙盘模拟实训课程的特点

ERP 沙盘模拟实训课程根据 ERP 的原理，运用 ERP 沙盘模拟企业各种资源（包括厂房、设备、物料、资金、人员，甚至还包括企业上下游的供应商和客户等），使学生学会如何在企业资源有限的情况下，合理组织生产，力求做到利润最大、成本最低。本课程具有以下特点：

（一）综合性

ERP 沙盘模拟实训课程需要学生综合应用前期所学的管理学基础、运营管理、市场营销学、财会基础以及物流管理等多学科知识。由于本课程涉及企业经营的各个环节，从制定战略规划到模拟经营，要求学生能够熟练运用企业管理理论制定战略规划和竞争策略；利用运营管理知识做好生产计划，进行生产过程控制；熟悉财务知识进行各年度财务预算、资金

控制以及制作财务报表。缺乏任何一方面的知识都可能导致企业经营失败。

（二）竞争性

ERP 沙盘模拟实训课程采用具有竞赛性的教学模式，含有游戏的成分，学习过程中充满了竞争与合作的博弈机制。并且通过分组训练的方式，培养学生团队合作和沟通协调能力。

（三）互动体验性

ERP 沙盘模拟实训课程采用模拟教学手段，为学生提供公平竞争的环境，以学生为主导，角色扮演企业高层管理者，负责不同部门的职能工作。要求学生用全新的视角寻求管理改进路径，树立现代优秀管理者必须具备的开放意识，独立自主进行企业经营决策。不同小组之间可以进行商业情报刺探、产品交易等，企业经营不善将会面临破产。原来的同学关系在本课程中变成了同事关系、上下级关系以及竞争对手关系，增加了课程的趣味性，学生会为了企业的生存发展仔细计划、积极思考、全身心投入。

（四）团队实战性

ERP 沙盘模拟实训课程是管理者经营理念的实验田，是管理者变革模式的检验场。这是一场模拟商业实战，"六年"的辛苦经营将把每个团队的经营潜力发挥得淋漓尽致，在这里可以看到激烈的市场竞争、部门间的密切协作、团队内的高度团结，以及掌握的经营理念迅速得以应用。在学习过程中，胜利者会有诸多经验与感叹，而失败者则更会在遗憾中体会和总结。

二、ERP 沙盘模拟实训课程的主要内容

（一）深刻体会 ERP 核心理念

（1）感受管理信息对称状况下的企业运作；
（2）体验统一信息平台下的企业运作管理；
（3）培养依靠客观数据测评与决策的意识、技能；
（4）感悟准确、及时、集成的信息对于科学决策的重要作用；
（5）训练信息化时代的基本管理技能。

（二）全面阐述一个制造型企业的概貌

（1）制造型企业经营所涉及的因素；
（2）企业物流运作的规则；
（3）企业财务管理、资金流控制运作的规则；
（4）企业生产、采购、销售和库存管理的运作规则；
（5）企业面临的市场、竞争对手、未来发展趋势分析；
（6）企业的组织结构和岗位职责等。

（三）了解企业经营的本质

（1）资本、资产、损益的流程，企业资产与负债和权益的结构；
（2）企业经营的本质：利润和成本的关系、增加企业利润的关键因素；
（3）影响企业利润的因素：成本控制；
（4）影响企业利润的因素：扩大销售；
（5）脑力激荡：如何增加企业的利润？

（四）确定市场战略与产品定位，分析产品未来需求趋势
(1) 产品销售价位、销售毛利分析；
(2) 市场开拓与品牌建设对企业经营的影响；
(3) 市场投入的效益分析；
(4) 产品盈亏平衡点预测；
(5) 脑力激荡：如何才能拿到大的市场份额？

（五）掌握生产管理与成本控制
(1) 采购订单的控制：以销定产、以产定购的管理思想；
(2) 库存控制：ROA 与减少库存的关系；
(3) JIT：准时生产的管理思想；
(4) 生产成本控制：生产线改造和建设的意义；
(5) 产供销管理：根据销售订单确定生产计划与采购计划；
(6) 脑力激荡：如何合理安排采购和生产？

（六）全面计划预算管理
(1) 企业如何制定财务预算：现金流控制策略；
(2) 制订销售计划和广告投入；
(3) 根据市场分析和销售计划制订安排生产计划和采购计划；
(4) 进行高效益的融资管理；
(5) 脑力激荡：如何理解"预则立，不预则废"的管理思想？

（七）科学统筹人力资源管理
(1) 安排各个管理岗位的职能；
(2) 对各个岗位进行业绩衡量及评估；
(3) 理解"岗位胜任符合度"的度量思想；
(4) 脑力激荡：如何更有效地监控各个岗位的绩效？

（八）获得学习点评
(1) 培训学生运用真实训练数据分析；
(2) 综合理解局部管理与整体效益的关系；
(3) 优胜企业与失败企业的关键差异。

三、ERP 沙盘模拟实训课程的学习目的

ERP 沙盘模拟实训课程是构建经济管理类人才培养实训体系中重要的组成部分。一方面，学生将置身商业实战场景，亲身体验商业竞争的激烈性，循序渐进锻炼实践能力，尽早具备较强的动手操作能力。另一方面，企业管理者需要两类知识：显性知识，可以通过语言或文字来传递的知识；隐性知识，只能通过实践来领悟的知识。传统管理教学手段显然只能提供显性知识，然而社会需要管理者掌握综合知识，特别是隐性知识。ERP 沙盘模拟实训课程的定位正是为学生提供隐性知识。

四、ERP 沙盘模拟实训课程的学习方法

ERP 沙盘模拟实训课程是一种体验式教学，融角色扮演、过程分析和自我诊断于一体。

让学生站在最高层领导的位置上来分析、处理企业面对的战略制定、组织生产、整体营销和财务结算等一系列问题，亲身体验企业经营过程中的酸、甜、苦、辣。管理教学中较为常用的案例教学主要是通过各抒己见来相互学习借鉴，通过一个个静态案例的多种分析与决策方案的比较来获得知识。而 ERP 沙盘模拟实训课程是通过亲身体验来学习，通过对一系列动态案例的连续不断的分析与决策过程来获得知识，有决策结果的反馈。这就要求学生在学习过程中，必须全身心投入，时刻提醒自己，一边体验实践，一边总结经验教训。现场案例解析是 ERP 沙盘模拟实训课程的精华所在。每一年的经营下来，企业管理者都要对企业的经营结果进行分析。深刻反思成败原因，并进行必要的企业战略调整。

ERP 沙盘模拟实训课程还是一种全面的综合训练。学生可以将所学的各种知识应用到经营过程中，从而获得综合能力的提高。ERP 沙盘模拟实训课程涉及战略管理、市场营销、生产管理、物流管理及财务会计，学生必须自觉复习，回顾相关的专业理论知识；勤于思考，举一反三，将专业理论知识运用到 ERP 沙盘模拟实训课程训练中。

第二节　企业职能部门分工

一、企业组织结构

企业经营管理涉及企业的战略制订与执行、市场营销、采购与生产管理、财务管理等多项内容。在企业中，这些职能是由不同的业务部门履行的，企业经验管理过程也是各职能部门协同工作、共同努力实际企业目标的过程。企业在创建之处，都要建立与其类型适合的组织结构，组织结构是保证企业正常运转的基本条件。在 ERP 沙盘模拟实训课程中，采用了简化企业组织结构的方式，企业组织由四大职能中心代表，分别是营销与规划中心、生产中心、物流中心和财务中心。

二、团队构成与职能定位

ERP 沙盘模拟实训课程开始时要对学生进行分组，每组 6~8 人，学生组成若干个相互竞争的模拟企业。每个企业中，一般分为总裁 CEO（Chief Executive Officer）、财务主管（Chief Financial Officer）、营销主管（Marketing&Sales Manager）、生产主管（Production Manager）、采购主管（Purchasing&Supply Manager）和信息主管（Chief Information Officer）六个角色，学生必须明确企业内每个角色的岗位职责，完成职能定位。

按照上述人员的职能分工和岗位职责要求，我们建议六个角色可以按照表 2-1 所示，对号入座。如果教学的人数多，还可以适当增加商业间谍、财务助理等辅助角色。在几年的经营过程中，虚拟企业内部可以进行角色互换，从而体验角色转化后考虑问题的出发点的相应变化，学会换位思考，加强团队配合意识。在 ERP 沙盘模拟的过程中，不要怕犯错误，学习的目的就是为了发现问题，努力寻求解决问题的手段。在学习过程中，谁犯的错误越多，谁的收获也越大。

表 2－1　角色与职能定位

总裁	财务主管	营销主管	生产主管	采购主管	信息主管
制定发展战略	日常记账	市场调查分析	产品研发管理	编制采购计划	情报收集
竞争格局分析	报税	市场进入策略	管理体系认证	供应商谈判	数据分析
经营指标确定	财务报表	产品研发策略	固定资产投资	签订采购合同	信息化战略
业务策略制定	日常现金管理	广告宣传策略	编制生产计划	监控采购过程	信息化实施
全面预算管理	融资策略制定	制订销售计划	平衡生产能力	到货验收	软件采购
管理团队协同	成本费用控制	争取订单与谈判	生产车间管理	仓储管理	软件研发
企业绩效分析	资金调度	签订合同与控制	产品质量保证	采购支付决策	
业绩考评管理	风险管理	按时发货	产品库存管理	与财务部协调	
授权与总结	财务制度	应收款管理	产品外协管理	与生产部协同	
	财务分析决策	销售绩效分析			

三、公司命名与 CEO 就职演说

首先由 CEO 带领本企业所有成员召开第一次会议，为公司命名。最好的名字是可以直接体现公司意向的，所以要选择那些可以吸引客户眼球的公司名字，并可以从中轻易地理解到你所销售的产品和服务。不要刻意修饰公司的名字，尽量让名字简单明了；尽量让名字读起来很流畅，不要用一些生字、难字，让人根本读不出来；名字要简短，好记；字义的意境优美，符合公司形象。最后，请各组 CEO 发表就职演说，简述公司基本情况，介绍公司人员组成与分工，畅想公司未来发展方向，为 ERP 沙盘模拟实训课程模拟实战做好准备。

第三节　ERP 沙盘结构介绍

ERP 沙盘，是企业资源规划（Enterprise Resource Planning）沙盘的简称。通过 ERP 沙盘可以展示企业的主要物质资源，包括厂房、设备、仓库、库存物料、资金、职员、订单、合同等各种内部资源；还可以展示包括企业上下游的供应商、客户和其他合作组织，甚至为企业提供各种服务的政府管理部门和社会服务部门等外部资源。一般来说，ERP 沙盘展示的重点是企业内部资源。ERP 沙盘模拟实训课程教学以一套沙盘教具为载体，沙盘教具主要包括沙盘盘面六张，如图 2－1 所示，代表六个相互竞争的模拟企业。沙盘盘面按照制造企业的职能部门划分了四个职能中心，分别是生产中心、营销与规划中心、物流中心和财务中心。各职能中心覆盖了企业运营的所有关键环节：战略规划、市场营销、生产组织、采购管理、库存管理、财务管理等，是一个制造企业的缩影。

一、生产中心

（一）厂房

生产中心的关键环节是生产组织，沙盘盘面上设计了大厂房和小厂房，大厂房内可以建设六条生产线，小厂房内可以建设四条生产线。已购置的厂房由厂房右上角摆放的价值表示。

（二）生产线

提供手工生产线、半自动生产线、全自动生产线和柔性生产线，不同生产线生产效率及灵活性不同。表示企业购置的设备，在"生产线净值"处显示。

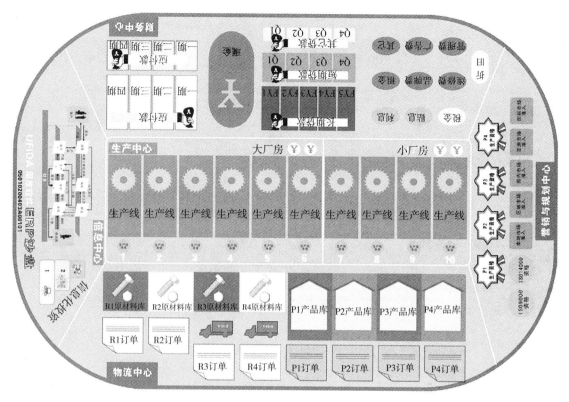

图 2-1　ERP 沙盘

（三）产品标识

产品分为四种：P1 产品、P2 产品、P3 产品和 P4 产品。每条生产线下方表示该生产线正在生产的产品类别。

二、营销与规划中心

（一）市场开拓规划

可供选择的市场有五个：本地市场、区域市场、国内市场、亚洲市场和国际市场。企业需要确定开发哪些市场，市场开拓完成后才可以换取相应的市场准入证，放在沙盘对应位置。

（二）产品研发规划

可供选择的产品有四种：P1 产品、P2 产品、P3 产品和 P4 产品。企业需要确定研发哪些产品，产品研发完成后才可以换取相应的产品生产资格证，放在沙盘对应位置。

（三）ISO 认证规划

ISO 认证包括 ISO9000 质量认证和 ISO14000 环境认证。确定企业需要争取获得哪些国际认证，ISO 认证完成后才可以换取相应的 ISO 资格证，放在沙盘对应位置。

三、物流中心

（一）采购管理

原材料有四种：R1、R2、R3 和 R4。根据不同原材料的采购提前期，制订采购计划，与供应商签订订货合同，用放在原材料订单处的空桶数量表示。

（二）库存管理

原材料和产品库房，分别用来存放 R1、R2、R3、R4 和 P1 产品、P2 产品、P3 产品、P4 产品。

四、财务中心

（一）现金

用来存放现金，现金用灰币表示，每个价值 1M。

（二）银行贷款

用放置在相应位置上的空桶表示，每桶表示 20M。长期贷款按年计算，短期贷款按季度计算。

（三）应收/付账款

应收/付账款都是分账期的，用放置在相应位置上的装有现金的桶表示。

（四）综合费用

将发生的各项费用放置于对应区域。

模块三

运营规则介绍

学习目标

- 熟悉市场规则；
- 掌握产品研发与 ISO 认证规则；
- 掌握企业生产运营规则；
- 熟悉企业融资规则；
- 熟悉综合费用及其他规则。

相关知识

第一节 市场规则

企业的生存和发展离不开市场这个大环境。谁赢得市场，谁就赢得了竞争。市场是瞬息万变的，变化增加了竞争的对抗性和复杂性。

一、市场划分与市场准入

企业可以在本地、区域、国内、亚洲和国际市场上销售商品，不同市场投入的费用及时间不同（表3-1），只有市场投入全部完成后方可接单。

表3-1 开发不同市场所需的时间和资金投入

市场	开拓费用	持续时间	说明
区域	1M	1年	市场开发投资按年度支付，允许同时开发多个市场，每个市场每年最多投资为1M，不允许加速投资，但允许中断。市场开发完成后持开发费用到指导教师处领取市场准入证，之后才允许进入该市场竞单
国内	2M	2年	
亚洲	3M	3年	
国际	4M	4年	

二、市场预测

消费者在本地、区域、国内、亚洲和国际这五个市场上的需求情况不同，具体情况如

图 3-1 所示:

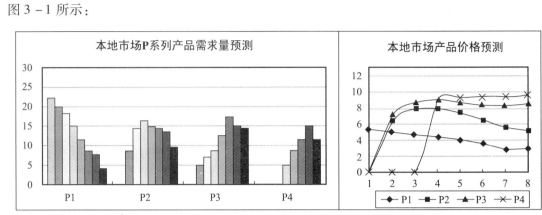

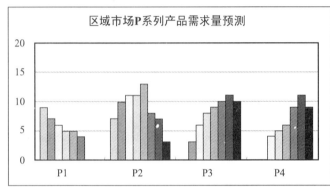
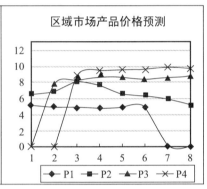

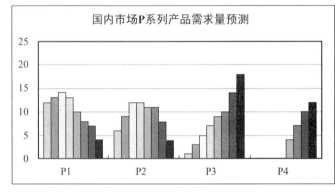
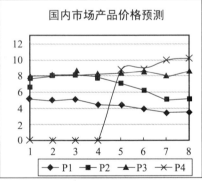

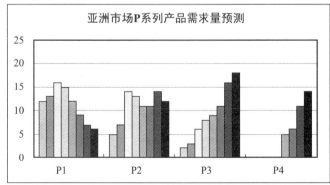
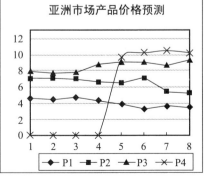

图 3-1 市场预测图

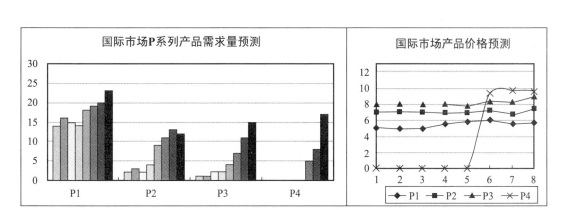

图 3-1 市场预测图（续）

如图 3-1 所示，这是由一家权威的市场调研机构对未来六年里各个市场的需求的预测，应该说这一预测有着很高的可信度。但根据这一预测进行企业的经营运作，其后果将由各企业自行承担。

P1 产品是目前市场上的主流产品，P2 作为 P1 的技术改良产品，也比较容易获得大众的认同。P3 和 P4 产品作为 P 系列产品里的高端产品，各个市场上对他们的认同度不尽相同，需求量与价格也会有较大的差异。

（一）**本地市场**

本地市场将会持续发展，客户对低端产品的需求可能要下滑。伴随着需求的减少，低端产品的价格很有可能会逐步走低。后几年，随着高端产品的成熟，市场对 P3、P4 产品的需求将会逐渐增大。同时随着时间的推移，客户的质量意识将不断提高，后几年可能会对厂商是否通过了 ISO9000 认证和 ISO14000 认证有更多的要求。

（二）**区域市场**

区域市场的客户对 P 系列产品的喜好相对稳定，因此市场需求量的波动也很有可能会比较平稳。产品需求量的走势可能与本地市场相似，价格趋势也应大致一样。由于受到地域的限制，该市场对高端产品的需求总量非常有限。并且这个市场上的客户相对比较挑剔，因此在后几年客户会对厂商是否通过了 ISO9000 认证和 ISO14000 认证有较高的要求。

（三）**国内市场**

因 P1 产品带有较浓的地域色彩，估计国内市场对 P1 产品不会有持久的需求。但 P2 产品因为更适合于国内市场，所以估计需求会一直比较平稳。随着对 P 系列产品新技术的逐渐认同，估计对 P3 产品的需求会发展较快，但这个市场上的客户对 P4 产品却并不是那么认同。当然，对于高端产品来说，客户一定会更注重产品的质量保证。

（四）**亚洲市场**

亚洲市场上的客户喜好一向波动较大，不易把握，所以对 P1 产品的需求可能起伏较大，估计 P2 产品的需求走势也会与 P1 相似。但该市场对新产品很敏感，因此估计对 P3、P4 产品的需求会发展较快，价格也可能不菲。另外，这个市场的消费者很看重产品的质量，所以在后几年里，如果厂商没有通过 ISO9000 和 ISO14000 的认证，其产品可能很难销售。

（五）**国际市场**

进入国际市场可能需要一个较长的时期。有迹象表明，目前这一市场上的客户对 P1 产品已经有所认同，但还需要一段时间才能被市场接受。对于 P2、P3 和 P4 产品，客户将会谨慎地接受，但仍需要一段时间才能被市场所接受。因为产品需求主要集中在低端，所以客户对于 ISO 的要求并不如其他几个市场那么高，但也不排除在后期会有这方面的需求。

三、销售会议与订单争取

（一）销售会议

每年初各企业的销售经理与客户见面并召开销售会议，根据市场地位、产品广告投入、市场广告投入和市场需求及竞争态势，按顺序选择订单。

（二）选单顺序

第一，由上年该市场所有产品销售总金额最高（无违约）的企业（"市场老大"）最先选择订单；

第二，按照各企业在该市场某一产品上投放的广告费的多少，排定后续选单顺序，依次选择订单；

第三，若在同一产品上有多家企业的广告投入相同，则按该市场上全部产品的广告投入总额决定选单顺序；

第四，若该市场的广告投入总额也相同，则按上年在该市场上实现的销售总额的排名，排定选单顺序；

第五，如果上年实现的销售总额也相同，则电脑随机排定选单顺序。

注意：无论投入多少广告费，在每轮选单时，只能选择一张订单。当第一轮选单完成后，如果还有剩余的订单，还有资格的公司可以按选单顺序进入下一轮选单。

（三）广告投放

投放广告费有两个作用，一是获得拿取订单的机会，二是判断选单顺序。

在某市场上投放 1M 某产品的广告费，可以获得一次在该市场上拿取某种产品订单的机会（如果不投产品广告没有选单机会），一次机会允许取得一张订单；如果要获得更多的拿单机会，每增加一个机会需要多投入 2M 产品广告。无须对 ISO 单独投放广告。

广告分市场、分产品投放，投入 1M 有一次选订单的机会，以后每多投 2M 增加一次选单机会。

如：投入 7M 表示准备拿 4 张订单，但是否能有 4 次拿单机会则取决于市场的需求、竞争态势等；投入 2M 表示准备拿一张订单，只是比投入 1M 的优先拿到订单。

（四）客户订单

市场需求用客户订单的形式表示，订单上标注了市场、产品、产品数量、单价、订单价值总额、账期、特殊要求等要素。

如果没有特别说明，普通订单可以在当年内任一季度交货。如果由于产能不够或其他原因，导致本年不能交货，企业为此应受到以下违约处罚：订单收回，扣除该张订单总额的 25%（取整）作为违约金。

卡片上标注有"加急!!!"字样的订单，必须在第一季度交货，延期罚款处置同上所述。因此，营销总监接单时要考虑企业的产能。

注意：如果上年市场老大没有按期交货，市场地位下降，则本年该市场没有老大。

订单上的账期代表客户收货时货款的交付方式。若为 0 账期，则现金付款；若为 3 账期，代表客户付给企业的是三个季度到期的应收账款。

如果订单上标注了"ISO9000"或"ISO14000",那么要求生产单位必须取得了相应认证,才能得到这张订单。

各个市场的产品数量是有限的,并非打广告就一定能得到订单。只有能分析清楚"市场预测",并且"商业间谍"得力的企业,才能占据竞争优势。

第二节　产品研发与 ISO 认证规则

企业可以根据市场预测情况,选择研发技术含量依次递增的 P1、P2、P3、P4 四种产品。

一、产品研发

不同技术含量的产品,需要投入的研发时间(以季度(Q)为单位)和研发投资是有区别的,如表 3-2 所示。

表 3-2　产品研发需要投入的时间及研发费用

产品	P1	P2	P3	P4	备注说明
研发时间	2Q	4Q	6Q	6Q	各产品可同步研发;按研发周期平均支付研发投资;资金不足时可随时中断或终止;某产品研发投入完成后,可领取产品生产资格证。全部投资完成的下一周期方可开始生产
研发投资	2M	4M	6M	12M	

二、ISO 认证

随着中国加入 WTO,客户的质量意识及环境意识越来越清晰。经过一定时间的市场孕育,最终会反映在客户订单中。企业要进行 ISO 认证,需要经过一段时间并花费一定费用,如表 3-3 所示。

表 3-3　国际认证需要投入的时间及认证费用

ISO 认证体系	ISO9000 质量认证	ISO14000 质量认证	说明
持续时间	2 年	2 年	两项认证可以同时进行;按认证周期平均支付认证费用;资金短缺的情况下,投资随时可以中断;认证完成后可以领取相应 ISO 资格证
认证费用	2M	4M	

第三节　企业生产运营规则

现实生活中,企业需要遵循分门别类、名目繁多的各项法律、法规。举例来讲,仅财务中的税收一项,就包括增值税、营业税、所得税及其他税。其内容之多,要另写一本《税务会计》才能列全。在 ERP 沙盘模拟课程中,不可能逐项细节面面俱到,只能采取相对简化的方式,抓大放小,做到简单而有效。本着简化的原则,将企业运营需要遵守的各项规定分为六个方面。

一、厂房购买、出售与租赁

企业可以选择购买或租赁大厂房（价值40M）或者小厂房（价值30M）。有关各厂房购买、租赁、出售的相关信息如表3-4所示。

表3-4 厂房购买、出售与租赁

厂房	买价	租金	售价	容量
大厂房	40M	5M/年	40M（4Q）	6条生产线
小厂房	30M	3M/年	30M（4Q）	4条生产线

提示： 年底决定厂房是购买还是租赁，出售厂房计入4Q应收款，购买后将购买价放在厂房价值处，厂房不提折旧。

二、生产线购买、转产与维修、出售

企业可供选择的生产线有手工生产线、半自动生产线、全自动生产线和柔性生产线。不同类型生产线的主要区别在于生产效率和灵活性。生产效率是指单位时间生产产品的数量；灵活性是指转产生产新产品时设备调整的难易性。有关生产线购买、转产与维修、出售的相关信息如表3-5所示。

表3-5 生产线购买、转产与维修、出售相关信息

生产线	购买价格	安装周期	生产周期	转产周期	转产费用	维护费用	出售残值
手工线	5M	无	3Q	无	无	1M/年	1M
半自动	10M	2Q	2Q	1Q	1M	1M/年	2M
全自动	15M	3Q	1Q	1Q	2M	1M/年	3M
柔性线	20M	4Q	1Q	无	无	1M/年	4M

说明：

①有生产线都能生产所有产品，所需支付的加工费相同，1M/产品；

②购买：投资新生产线时按安装周期平均支付投资，全部投资到位的下一个季度领取产品标识，开始生产；

③转产：现有生产线转产生产新产品时可能需要一定转产周期并支付一定转产费用，最后一笔支付到期一个季度后方可更换产品标识；

④维护：当年在建的生产线和当年出售的生产线不用交维护费；

⑤出售：出售生产线时，如果生产线净值等于残值，将净值转换为现金；如果生产线净值大于残值，将相当于残值的部分转换为现金，将差额部分作为费用处理（综合费用-其他）。

三、原材料的采购与产品的生产

（一）原材料采购

用空桶表示原材料订货，将其放在相应的订单上，R1、R2订购必须提前一个季度，

R3、R4 订购必须提前两个季度。货物到达企业时，必须照单全收，根据所下采购订单接受相应原料入库，并按规定付款。

（二）产品生产

开始生产时按产品结构要求将原料放在生产线上并支付加工费，各条生产线生产产品的加工费均为 1M。产品物料清单见表 3-6。

注意： 各线不能同时生产两个产品；空生产线才能上线生产，一条生产线只能生产一个产品；上线生产必须有原料，否则必须"停工待料"。

表 3-6 产品物料清单

产品名称	产品结构	加工费用	直接成本
P1	R1	1M	2M
P2	R2 + R3	1M	3M
P3	R1 + R3 + R4	1M	4M
P4	R2 + R3 + 2R4	1M	5M

第四节 企业融资规则

资金是企业的血液，是企业任何活动的支撑。在 ERP 沙盘模拟课程中，企业尚未上市，因此其融资渠道只能是银行借款、应收账款贴现和拍卖库存。下面对比几种融资方式，见表 3-7。

表 3-7 企业可能的各项融资手段及财务费用

贷款类型	贷款时间	贷款额度		年息	还款方式
长期贷款	每年年初	10 的倍数	和为权益的 3 倍	10%	年初付息、到期还本
短期贷款	每季度初	20 的倍数		5%	到期一次还本、付息
资金贴现	任何时间	视应收款额		1/8 (3, 4) 1/10 (1, 2)	变现时贴息
库存拍卖		成品原价、原材料九折			

提示：

①长期贷款最长期限为五年，短期借款期限为一年，不足一年的按一年计息，贷款到期后返还。

②应收账款贴现随时可以进行；3Q 或 4Q 的应收款，贴息按 12.5% 计算；1Q 或 2Q 的应收款，贴息按 10% 计算。贴现费用向上取整，计入财务费用，其余作为现金放入现金库。

第五节 综合费用及其他规则

一、综合费用

行政管理费、广告费、设备维护费、损失、转产费、厂房租金、市场开拓、ISO 认证、产品研发、信息费等计入综合费用（表3-8）。

表 3-8 综合费用表

项目	金额
管理费	
广告费	
设备维护费	
损失	
转产费	
厂房租金	
新市场开拓	
ISO 资格认证	
产品研发	
信息费	
合计	

其中：库存折价拍价、生产线变卖、紧急采购和订单违约记入损失。

二、利润

利润项目、符号及相关内容见表3-9。

表 3-9 利润表

项目	符号	对应利润表的项目
销售收入	+	主营业务收入
直接成本	-	主营业务成本
毛利	=	主营业务利润
综合费用	-	主营费用、管理费用等
折旧前利润	=	
折旧	-	计提折旧
支付利息前利润	=	业务利润
财务收入/支出	+/-	财务费用：贷款利息、贴现费用
额外收入/支出	+/-	营业外收入/支出
税前利润	=	利润总额
所得税	-	所得税计算方法
净利润	=	净利润

其中：

（1）折旧：按平均年限法进行折旧（表3-10）。

表 3-10　生产线折旧

生产线	购置费	残值	建成第 1 年	建成第 2 年	建成第 3 年	建成第 4 年	建成第 5 年
手工线	5M	1M	0	1M	1M	1M	1M
半自动	10M	2M	0	2M	2M	2M	2M
全自动	15M	3M	0	3M	3M	3M	3M
柔性线	20M	4M	0	4M	4M	4M	4M

注：生产线建成第一年不折旧；净值等于残值时不再折旧。

（2）税金：每年所得税计入应付税金，在下一年初交纳。

税金计算分为两种情况：

① 当上年权益 < 80M 时

　　　　税金 =（上年权益 + 本年税前利润 - 80）× 33%（向下取整）

② 当上年权益 ≥ 80M 时

　　　　税金 = 本年税前利润 × 33%（向下取整）

注：向下取整累计少缴纳 1M 时，计入当年应交税。

三、资产负债表

（一）流动资产

流动资产包括：现金、应收款、在制品、产成品和原材料。

（二）固定资产

固定资产包括：厂房、生产线和在建工程。

　　　　资产总计 = 流动资产合计 + 固定资产合计

（三）负债

负债包括：长期负债、短期负债和应交所得税。

（四）所有者权益

所有者权益包括：股东资本、利润留存和年度净利。

股东资本为 80M。

　　　　利润留存 = 上一年利润留存 + 上一年年度净利

资产负债表见表 3-11。

表 3-11　资产负债表

项目	金额	项目	金额
现金		长期负债	
应收款		短期负债	
在制品		应交所得税	
产成品		—	—
原材料		—	—
流动资产合计		负债合计	

续表

项目	金额	项目	金额
厂房		股东资本	
生产线		利润留存	
在建工程		年度净利	
固定资产合计		所有者权益合计	
资产总计		负债和所有者权益总计	

模块四

ERP 沙盘模拟运营准备

学习目标

- 了解模拟企业的背景概况；
- 熟悉企业经营要素；
- 掌握 ERP 的计划方法；
- 掌握 ERP 电子沙盘的操作；
- 熟悉企业经营整体过程。

相关知识

第一节 模拟企业背景概况

一、新管理层接手

在模拟运营之前，首先需要对企业有一个大致的了解。这是一家典型的离散制造型企业，已经创建三年，长期以来专注于某行业 P 系列产品的生产与经营。企业的整体状况如图 4-1 所示。该企业由四个中心组成，分别是营销与规划中心、财务中心、生产中心和物流

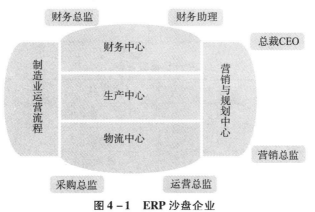

图 4-1 ERP 沙盘企业

中心。目前企业拥有自主厂房——大厂房,其中安装了三条手工线和一条半自动线,均生产P1 产品,几年以来在本地市场销售,声誉良好,客户较为满意。

二、组织准备

企业管理层墨守成规,导致企业缺乏活力。股东大会从长远发展考虑,决定将企业交由一批新人去发展,希望新管理层能够把握机遇,投资新产品,开发新市场,扩大规模,采用现代化生产手段,带领企业实现腾飞。同时考虑到新人缺乏经验,决定第一年由原 CEO 带领新管理层经营,为将来新管理层独立经营打下良好基础。

管理层角色分为:总裁 CEO(Chief Executive Officer)、财务总监(Chief Financial Officer)、营销总监(Marketing Sales Manager)、生产总监(Production Manager)、采购总监(Purchasing Supply Manager)、信息总监(Chief Information Officer)六个角色。

三、企业基本情况

新领导班子接手时,需要对企业的财务状况有一个完整的了解,考察企业的综合费用表、利润表及资产负债表,如表 4-1 所列。

表 4-1 接手时企业财务报表

综合费用表(a)

项目	金额/M
销售收入	35
直接成本	12
毛利	23
综合费用	11
折旧前利润	12
折旧	4
支付利息前利润	8
财务费用	4
税前利润	4
所得税	1
年度净利	3

利润表(b)

项目	金额/M
管理费	4
广告费	3
设备维修费	4
其他损失	0
转产费	0
厂房租金	0
新市场开拓	0
ISO 认证	0
产品研发	0
信息费	0
合计	11

资产负债表(c)

项目	金额/M	项目	金额/M
现金	20	长期负债	40
应收款	15	短期负债	0
在制品	8	应交所得税	1
产成品	6		

续表

项目	金额/M	项目	金额/M
原材料	3		
流动资产合计	52	负债总计	41
厂房	40	股东资本	50
生产线	13	利润留存	11
在建工程	0	年度净利	3
固定资产合计	53	所有者权益	64
资产合计	105	负债和所有者权益总和	105

综合费用表用于记录企业在一个会计年度中发生的各项费用。在ERP沙盘经营中，其明细如表4-1（a）中所列，在上个年度中，企业支出综合费用共11M。

利润表是企业在一定期间的经营成果，表现为企业在该期间所取得的利润。它是企业经济效益的综合体现，又称为损益表或收益表。从表4-1（b）中可以得出，该企业在上一个年度赢利3M，尚欠1M税金，需要在下一个年度支付。

资产负债表是企业对外提供的主要财务报表。它根据资产、负债和所有者权益之间的相互关系，即"资产＝负债＋所有者权益"的恒等关系，按照一定的分类标准和一定的次序，把企业特定日期的资产、负债和所有者权益三项会计要素所属项目予以适当排列，并对日常会计工作中形成的会计数据进行加工、整理后编制而成。其主要目的是反映企业在某一特定日期的财务状况。通过资产负债表，可以了解企业所掌握的经济资源及其分布情况，了解企业的资本结构，分析、评价、预测企业的短期偿债能力和长期偿债能力，正确评估企业的经营业绩。

四、企业初始状态

从资产负债表和利润表可以了解企业的财务状况及当年经营成果，但无法得到更为细节的内容，如长期借款何时到期、应收账款何时可以回拢。为了让所有企业有一个公平的竞争环境，需要统一设定企业的初始状态，分布在沙盘盘面上。

【注意事项】在ERP沙盘模拟中，以季度（Q）为经营时间单位，一年分成四个季度。

（一）经营要素

ERP沙盘模拟企业以灰币表示现金（资金），一个灰币代表一百万；红、黄、蓝、绿四种彩币表示原材料，分别代表R1、R2、R3、R4，每种原材料价值一百万；以灰币和彩币组合表示产品（仓库中）或在制品（生产线上）；以空桶表示原材料订单。各经营要素及具体产品组合如图4-2所示。

（二）生产中心

企业生产中心有两个厂房，其中大厂房有六条生产线位，小厂房有四条生产线位，目前企业拥有大厂房，价值40M；四条生产线，其中三条手工线和一条半自动线，扣除折旧，目前手工线账面价值（净值）为3M/条，半自动线账面价值（净值）为4M/条。财务总监去教师处领四个空桶，分别置入3M、3M、3M、4M，并放置于生产线下方的"生产线净值"处；四条生产线均有P1在制品，并且分别处于图示生产周期；再放两个满桶灰币于厂房价值处，表示拥有价值40M的厂房。生产中心如图4-3所示。

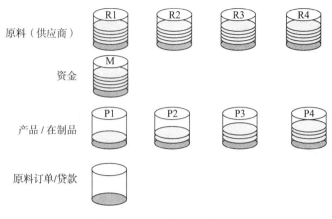

图 4-2　ERP 沙盘经营要素

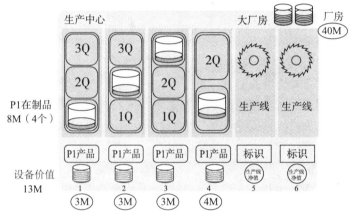

图 4-3　生产中心

（三）物流中心

P1 成品库有三个成品，每个成品由一个 R1 及 1M 加工费构成。生产总监、财务总监、采购总监合作将三个 P1 放置成品库中。另有三个 R1 原材料，每个价值 1M；还有两个 R1 订单，采购总监用两个空桶放置于 R1 订单处，R1 需要提前一个季度订货，采购价 1M/个。物流中心如图 4-4 所示。

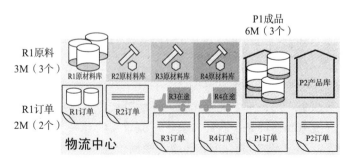

图 4-4　物流中心

(四)财务中心

企业有现金一桶,即 20M,3Q 应收款 15M,四年、五年期长期贷款各 20M。另外企业还有 1M 应交所得税(图中未显示),需要在下年度初支付现金。财务中心如图 4-5 所示。

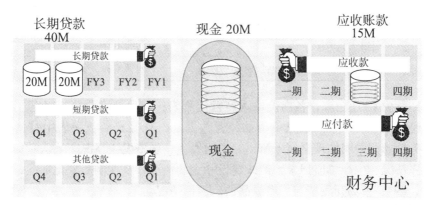

图 4-5 财务中心

【注意事项】长期贷款以年为单位,最长可以借五年,盘面上位置越靠近现金,还款日期越早。应收款及短期贷款均以季度(Q)为单位。图 4-5 所示应收账款再过 3Q 可以收现。

(五)营销与规划中心

目前该企业拥有 P1 生产资格、本地市场准入资格,还有三个产品生产资格、四个市场准入资格及两个 ISO 资格认证待开发。营销总监将相应标牌放置到正确位置,如图 4-6 所示。

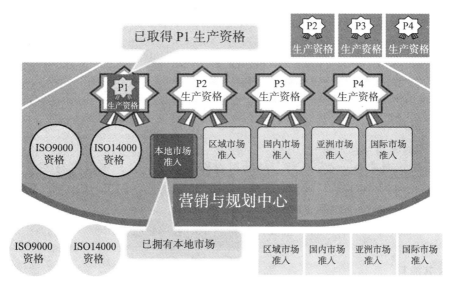

图 4-6 营销与规划中心

第二节 ERP 的计划方法

ERP 沙盘经营分成年初、四个季度、年末三个大时间段,如表 4-2 所列。

表 4-2 经营整体过程

阶段	任务	备注
年初	年度规划，广告投放，参加订货会，长贷	七项工作
四个季度	贷款及采购，生产任务，交货及开发	十八项工作
年末	年末付款、关账	五项工作
特殊工作	紧急采购、出售库存、贴现、厂房贴现	四项工作，紧急时采用，可随时进行

每一年经营由 CEO 指挥，各岗位填写经营流程表，有序地完成一年经营。各岗位要各司其职，在经营流程表中填写自己负责的经营数据。CEO 在经营流程表中打钩表示完成该项任务；财务总监记录明细现金流入流出、费用发生、融资发生情况；采购总监记录原材料订货、出入库情况；生产总监记录生产线建设和变动情况，及在制品变化情况；营销总监记录生产资格、ISO、市场开发情况，产成品的出入库情况。

【注意事项】经营流程表的顺序要严格遵守，例如：不可先借长贷，再还长贷本息等。

一、年初七项工作

（一）新年度规划会议

新的一年开始之际，企业管理团队要研究市场预测，制定（调整）企业战略，做出经营计划、设备投资规划、营销策划方案等。具体来讲，需要进行销售预算、可承诺量的计算及资金预算。常言道："预则立，不预测废"。预算是企业经营决策和长期投资决策目标的一种数量表现，即通过有关的数据将企业全部经济活动的各项目标具体地、系统地反映出来。销售预算是编制预算的关键和起点，主要是对本年度要达成的销售目标的预测。销售预算的内容是销售数量、价格和销售收入等。

参加订货会之前，需要计算企业的可接单量。企业可接单量主要取决于现库存和生产能力，因此产能计算的准确性直接影响到销售交付。

还需要做出资金预算，判定是否有足够的资金支持本年的运行，完成经营目标。

（二）投放广告

ERP 沙盘模拟共有五个市场、四个产品。

【注意事项】通常将一个市场与产品的组合称为一个回合，则最多有二十个回合，分别是：（本地，P1）、（本地，P2）、（本地，P3）、（本地，P4）、（区域，P1）、（区域，P2）……（国际，P3）、（国际，P4）。

各企业需要填写当年的广告登记表，对每一个回合单独投放广告，如果该市场尚未开发出来，则不允许投放广告。

【注意事项】
- 产品资格未开发完成，可以投放广告；
- 若希望获得有 ISO 要求的订单，除须有相应认证资格外，裁判可以要求在对应 ISO 栏中投入 1M 广告费。

在一个回合中，每投放 1M 广告费将获得一次选单机会，以后每多投 2M 增加一次选单机会。如：投入 7M 表示最多有四次机会，但是能否有四次拿单机会取决于市场需求和竞争态势；投入 2M 只能拿一张订单，但是会比投入 1M 的优先拿到订单。

财务总监登记现金支出,并在盘面中取出相应现金放置于盘面"广告费"处。

(三) 参加订货会选订单/登记订单

广告投放完毕,裁判将各队广告录入系统中,核实后,订货会开始。订货会按照(本地,P1)、(本地,P2)、(本地,P3)、(本地,P4)、(区域,P1)、(区域,P2)……(国际,P3)、(国际,P4)的顺序依次展开。每回合选单可能有若干轮,每轮选单中,各队按照排定的顺序,依次选单,但只能选一张订单。当所有队都选完一轮后,若还有订单,开始进行第二轮选单。依次类推,直到所有订单被选完或所有队退出选单为止,本回合结束。

【注意事项】某个回合有多次选单机会,只要放弃一次,则视同放弃该回合以后的所有选单机会,但不影响后面回合选单。

选单排序规则如下:

- 上一年度本市场销售排名第一的企业,如在该市场没有违约记录,称为"市场老大",则在本年该市场投入广告的产品中(指所有产品),优先选单(若有几队并列销售第一,则可以抓阄决定"市场老大");
- 除"市场老大"外,按照各企业在某回合投放广告费的多少,排定选单顺序,投入多者优先;
- 如果在一个回合中投入的广告费用相同,按照投入本市场的广告费总和(P1、P2、P3 和 P4 的广告费之和),排定选单顺序;
- 如果本市场的广告总额也一样,按照上年本企业在该市场上实现的销售额排名,排定选单顺序;
- 如果上年实现的销售额也相同,则由抓阄决定或出价低者先选单。

下面以(本地,P3)回合为例,说明选单过程。各组广告投入及订单情况如图 4-7 所示。

图 4-7 选择订单

B 组先选了总价为 32M 的订单,A 组选了总价为 23M 的订单,C 组选了总价为 18M 的订单。B 组还有二次选单机会,但只能选剩余的一张,选后状态如图 4-8 所示。

第4年——A组(本地)					
产品	广告	定单总价	数量	ISO9000	ISO14000
P1					
P2				1	
P3	2	23	3		
P4					

第4年——B组(本地)					
产品	广告	定单总价	数量	ISO9000	ISO14000
P1					
P2				1	
P3	5	32+17	4+2		
P4					

第4年——C组(本地)					
产品	广告	定单总价	数量	ISO9000	ISO14000
P1					
P2					1
P3	1	18	2		
P4					

图 4-8 选单结果

订单有五个要素：

(1) 数量——要求各企业一次性按照规定数量交货，不得多交，不得少交，也不得拆分交货；

(2) 订单总价——交货后企业将获得一定的应收款或现金；

(3) 交货期——若是加急订单则必须在当年第一季度交货，否则可以在当年任一季度交货，但必须当年交货，不得拖到第二年；

(4) 账期——在交货后过若干季度收到现金。如账期为2Q，实际在第三季度完成交货，则将在下一年第一季度更新应收款时收到现金；

【注意事项】收现时间从实际交货季度算起；若账期为0，则交货时直接收到现金。

(5) ISO要求——分别有ISO9000及ISO14000两种认证，企业必须具备相应认证方可获得有认证要求的订单。

【注意事项】实物沙盘经营是否需要对ISO单独投放广告由裁判决定。

各企业应根据相应产能、设备投资计划选取订单，注意避免接单不足导致设备闲置或盲目接单，无法按时交货。选单完毕，及时填写订单登记表。

(四) 支付应付税（所得税）款

依法纳税是每个企业及公民的义务。请财务总监按照上一年利润表的"所得税"一项数值取出相应的现金放置于沙盘上"税金"处，并做好现金收支记录。

【注意事项】当年交的是上一年产生的所得税。

(五) 支付长贷利息

$$累计长贷 \times 长贷利率 = 应付长贷利息$$

请财务总监取出相应现金放置于沙盘"利息"处。

(六) 更新长期贷款/长期贷款还款

在盘面上将长贷空桶往现金方向推一格（表示一年），从现金库取出到期本金，归还至银行，并做好登记。

（七）申请长期贷款

如有授信额度，可以申请长贷，长贷申请额必须是 10 的倍数。可申请额度为：上一年所有者权益×贷款倍数（三倍）－已有长短贷之和。

财务总监去交易台获得相应数量长贷现金，做好现金登记；并在长期贷款相应借款年份位置做好标记。

【注意事项】长贷可用空桶（一个表示 20M）或纸条表示，最长可借五年，所得现金放置于"现金"处。

二、每季度十八项工作（四个季度重复进行四次）

（一）季初盘点

财务总监需要核对盘面现金与记录是否相符。

（二）更新短期贷款/短期贷款还本付息

更新短期贷款：如果企业有短期贷款，请财务总监将空桶向现金库方向移动一格。移至现金库时，表示短期贷款到期。

短期贷款还本付息：短期贷款的还款规则是利随本清。短期贷款到期时，每桶需要支付 5% 的利息，因此如有 20M 短贷，则本金与利息共计 21M。财务总监从现金库中取出现金，其中 20M 还给银行，1M 放置于沙盘上的"利息"处并做好现金收支记录。

（三）申请短期贷款

财务总监到银行办理贷款手续。可以申请的最高额度为：上一年所有者权益×贷款倍数（通常为 3）－已有长短贷之和。短期贷款申请数量必须是 20 的倍数。完成借款请将空桶（一个表示 20M）或纸条置于短贷 Q4 位置处，做好标记。

（四）原材料入库/更新原料订单

供应商发出的订货已经运抵企业时，企业必须无条件接受货物并支付料款。采购总监将原料订单区中的空桶向原料方向推进一格，到达原料库时，向财务总监申请原料款，支付给供应商，换取相应的原料，同时做好现金登记。

（五）下原料订单

采购总监根据年初制订的采购计划，决定采购原料的品种及数量，每个空桶代表一个原料，将相应数量的空桶放置于对应品种的原料订单处。根据采购提前期，必须提前订货，如 R1 必须提前一个季度订货。

【注意事项】在盘面中分别用红、黄、蓝、绿四种彩币表示 R1、R2、R3、R4 四种原料，价格均为 1M/个。

（六）购买/租用厂房

厂房为一大（六条生产线）一小（四条生产线），企业最多只可以使用一大一小两个厂房。企业在新建生产线之前，必须以买或租的方式获得厂房。选择租用，租金在开始租用的季度交付，即从现金处取等量灰币，放在租金费用处，并将一只内放租金额字条的空桶，放在 Q4 应付款处，每季度推进空桶。一年租期到期时，如果决定续租，需再次将相应的现金放在租金处，将有租金字条的空桶放在 Q4 应付款处（注：并未发生应付款，仅作记账用）；如果决定买厂房，取出厂房价值等量现金放置于盘面上厂房价值处。

【注意事项】生产线不可以在不同厂房之间移动位置。

（七）更新生产/完工入库

由生产总监将各生产线上的在制品推进一格（从小数目方格推到大数目方格）。产品下线表示产品完工，将产品放置于相应的产品库中。

（八）新建/在建/转产/变卖生产线

1. 新建生产线

投资新设备时，生产总监向裁判领取新生产线标识及产品标识，生产线标识翻转放置于厂房相应生产线位处，其上放置与该生产线安装周期相同的空桶数，每个季度向财务总监申请建设资金，额度＝设备总购买价值/安装周期，财务总监做好现金收支记录。

【注意事项】新建生产线便已经决定生产何种产品了，但不要求企业一定有该产品生产资格。

2. 在建生产线

生产线购买之后，需要进行二期（含）以上投资的均为在建生产线，生产总监向财务总监申请建设资金，放置于空桶内，财务总监做好收支记录。

以自动线为例，安装周期为3Q，总投资额为15M，安装操作可按表4-3进行：

表4-3 自动线安装操作

操作时间	投资额	安装完成
1Q	5M	启动一期安装
2Q	5M	完成一期安装，启动二期安装
3Q	5M	完成二期安装，启动三期安装
4Q		完成三期安装，生产线建成

投资生产线的支付不一定需要连续，可以在投资过程中中断投资，也可以在中断投资之后的任何季度继续投资，但必须按照上表的投资原则进行操作。

【注意事项】
- 一条生产线待最后一期投资到位后，必须到下一季度才算安装完成，允许投入使用；
- 生产线安装完成后，盘面上必须将投资额放在设备价值处，以证明生产线安装完成，并将生产线标识翻转过来；
- 参赛队之间不允许相互购买生产线，只允许向设备供应商（管理员）购买；
- 手工生产线安装不需要时间，随买随用。

3. 生产线转产

生产线转产是指生产线转产生产其他产品。不同生产线类型转产所需要的调整时间和资金投入是不同的，可参阅具体规则。如果需要转产且该生产线需要一定的转产周期和转产费用，请生产总监翻转生产线标识，领取新的产品标识，按季度向财务总监申请并支付转产费用放于生产线标识上；停工满足转产周期要求并支付全部转产费用后，再次翻转生产线标识，开始新的生产。财务总监做好现金收支，并将转产费放于盘面相应位置处。

以自动线为例，转产需要一个周期，共2M转产费。在第一季度开始转产，投资2M转产费，第二季度完成转产，可以生产新产品。

【注意事项】手工线、柔性线可以生产任何产品，无须转产。

4. 变卖生产线

将变卖的生产线按残值放入现金区,其他剩余价值(净值-残值)放入"其他"费用处,记入当年"综合费用",并将生产线交还给供应商即可完成变卖。

【注意事项】在建及在产的生产线不可以变卖,转产中的生产线可以变卖。

(九) 开始下一批生产

更新生产/完工入库后,某些生产线的在制品已经完工,同时某些生产线已经建成,可以考虑开始生产新产品。如果有该产品生产资格,由生产总监按照产品结构从原料库中取出原料,并向财务总监申请产品加工费,将上线产品摆放到第一生产周期上。

【注意事项】
- 下一批生产前提有三个:原料、加工费和生产资格;
- 任何一条生产线只能有一个在产品。

(十) 更新应收款/应收款收现

财务总监将应收款向现金库方向推进一格,到达现金库时即成为现金,须做好现金收支录。

(十一) 按订单交货

营销总监检查各成品库中的成品数量是否满足客户订单要求,满足则按照客户订单交付约定数量的产品给客户。客户检查数量和交货期是否满足订单要求,满足则收货,并按订单上列明的条件支付货款,若为现金(0账期)付款,营销总监直接将现金置于现金库,财务总监做好现金收支记录;若为应收账款,营销总监将现金置于应收款相应账期处。

【注意事项】
- 必须按订单整单交货;
- 加急订单必须第一季度交货,其余订单必须在当年交货,违约则收回当年订单。

(十二) 产品研发投资

按照年初制订的产品研发计划,营销总监向财务总监申请研发资金,置于相应产品生产资格的位置,并做好现金收支记录。

(十三) 厂房——出售(买转租)/退租/租转买

如果企业已租或已购买了厂房,可以进行如下处理:

(1) 如果已购买的厂房中没有安装生产线,可卖出,增加 Q4 账期应收款,将代表厂房价值的现金放置于 Q4 应收账款的位置;

(2) 如果已购买的厂房中有生产线,卖出后增加 Q4 账期应收款,并自动转为租用,从现金中扣除一年租金(将租金放在租金费用处),记下起租的季度(在应付账款 Q4 处放一只内放租金额字条的空桶);

(3) 如果租用的厂房已满一年(如第一年第二季度租,则第二年第二季度称为满一年),可以进行如下处理:

①不论是否有生产线,均可支付现金,转为购买(租转买)。此时,只需要按厂房的购买价格(大厂房 40M,小厂房 30M)扣除足量现金即可;

②如果厂房中没有生产线,可以选择退租,在盘面中将相应应付款处的空桶取走;

③对已租用的厂房继续租用时,可在当季结束时交下一年租金(和管理费同时交纳,后面有进一步说明)。

（十四） 新市场开拓/ISO 资格投资

营销总监向财务总监申请市场开拓/ISO 资格投资费用，财务总监取出现金放置在要开拓的市场及 ISO 认证处。

【注意事项】
- 只有每年第四季度允许该操作；
- 可以中断投资，但不可以加速投资。

（十五） 支付管理费/更新厂房租金

管理费是企业为了维持运营发放的管理人员工资、必要的差旅费、招待费等。财务总监每季度取出 1M 摆放在"管理费"处，并做好现金收支记录。

在应付款处如果有租金字条的空桶更新满一年（四季度），则需要续租厂房。现金库中取出下一年租金放于盘面租金处，并将有租金字条的空桶放于应付款四季度处。

【注意事项】：营销总监此时应携带开发费去裁判处换取生产资格标识。

（十六） 现金收入合计

财务总监统计本季度现金收入总额。

（十七） 现金支出合计

财务总监统计本季度现金支出总额。

【注意事项】第 4 季度的统计的现金收支数字中包括四季度本身和年底发生的。

（十八） 期末现金对账

财务总监盘点现金余额，并进行核对。

【注意事项】以上十八项工作每个季度均要进行。

三、年末五项工作

（一） 缴纳违约订单罚款

企业经营，诚信为本。如果未能及时交货，需要接受一定的惩罚，有以下几条：
（1）按订单销售额一定比例缴纳罚款，并直接从现金中扣除，记入当年"其他"费用项；
（2）收回该订单；
（3）即使在该市场完成的销售额最高，也无权获得"市场老大"地位。

请财务总监做好现金支出登记。

（二） 支付设备维修费

已经建成的每条生产线需要支付 1M/年的维修费，生产总监向财务总监提出申请，财务总监取出现金放置于盘面"维修费"处，并做好现金收支记录。

【注意事项】：当年建成的生产线（不论在哪一季度）均需要支付设备维修费。

（三） 计提折旧

固定资产折旧是指固定资产出于损耗而转移到生产经营管理成果中去的那部分以货币表现的价值，以折旧的形式计入生产经营成本。厂房不提折旧，设备（生产线）按平均年限法计提折旧，在建工程及当年建成的设备不计提折旧。财务总监从生产净值中取出折旧费放置于盘面"折旧"处。

【注意事项】
- 当年建成的生产线不提折旧；

- 当净值等于残值,则无须再提折旧;
- 折旧与现金流无关。

（四）新市场/ISO 资格换证

营销总监检查新市场/ISO 资格投资是否已经完成,若完成可携带开发费去管理员处换取相应标识。

（五）结账

财务总监需要编制综合费用表、利润表和资产负债表。

年度经营结束之后,管理员会将盘面上的各项成本取走,为来年经营做好准备。

四、四项特殊工作（随时可以进行）

（一）紧急采购

有两种情况会用到此功能:

（1）如果下一批生产原材料不够,又需要当期使用,可以用成本价的两倍现金采购原料,采购总监提出申请,用一个灰币（现金）换取原料（彩币）；另外将一个灰币（现金）置于盘面"其他"处。

（2）按订单交货发现产成品库存不足,可以用直接成本三倍价格采购,以直接成本价值现金去管理员处换取成品,另将二倍直接成本现金放置于盘面"其他"处。

（二）出售库存

一旦现金断流,可以用此方式融资。产品可以按照成本价售出；原料按照八折（该参数可调整）的价格售出,即直接成本为 10M 原料回收 8M 现金；若收回现金出现小数则向下取整,如出售直接成本 8M 原料,收回 6M 现金。携带产品或原料到交易处兑换相当于直接成本价值现金,折价部分置于盘面"其他"处。

（三）贴现

贴现指将未来可以收到的应收账款提前收取,并付一定的费用。不同账期的应收款采用不同的贴现率:一、二期应收款按 1:10（10M 应收款扣 1M 贴息,小于 10M 的贴现均收取 1M 贴息）的比例贴现；三、四期应收款按 1:8（8M 应收款扣 1M 贴息,小于 8M 的贴现也收取 1M 贴息）。只要有足够的应收账款,可以随时贴现（包括次年支付广告费时,也可使用应收贴现）。从应收款中取出收现部分放于盘面"现金"处,其余放于"贴息"处。

【注意事项】可将一、二期应收款加总贴现,如一期贴 4M,二期贴 6M,则总共扣 1M 贴息；三、四期操作相同。

（四）厂房贴现

正常情况下出售厂房后,直接转入 4Q 的应收账款。但在急用的情况下,且操作步骤没有轮到变卖厂房的操作时,可以利用本功能直接将厂房的价值按照 4Q 应收账款贴现（按 1:8 的比例）。可将厂房价值分别转入现金、租金及贴息处。

例:如果紧急出售有生产线的大厂房,将实际转入现金 30M,其中 5M 转入贴现费用,5M 转入厂房租金。如果紧急出售的大厂房中无生产线,则将转入现金 35M。为方便读者熟悉规则并查询,将规则汇总置于附录 1。

五、账务处理及经营报表生成

表4-4列出了经营流程表中各项任务对应的账务处理要点。

表4-4 账务处理要点

流程	说明
新年度规划会议	无
投放广告	记入综合费用广告费
参加订货会选订单/登记订单	无
支付应付税	无
支付长贷利息	记入利润表财务费用
更新长期贷款/长期贷款还款	无
申请长期贷款	无
季初盘点（请填余额）	无
更新短期贷款/短期贷款还本付息	利息记入利润表财务费用
申请短期贷款	无
原材料入库/更新原料订单	无
下原料订单	无
购买/租用厂房	记入综合费用表厂房租金
更新生产/完工入库	无
新建/在建/转产/变卖生产线	记入综合费用表其他损失
紧急采购（随时进行）	记入综合费用表其他损失
开始下一批生产	无
更新应收款/应收款收现	无
按订单交货	记入利润表销售收入和直接成本
产品研发投资	记入综合费用表产品研发
厂房出售（买转租）/退租/租转买	记入综合费用表厂房租金或其他
新市场开拓/ISO资格投资	记入综合费用表ISO资格认证
支付管理费/更新厂房租金	记入综合费用表管理费及厂房租金
出售库存	记入综合费用表其他损失
厂房贴现	租金记入综合费用表，贴息记入利润表财务费用
应收款贴现	贴息记入综合利润表财务费用
缴纳违约订单罚款	记入综合费用表其他损失
支付设备维护费	记入综合费用表设备维护费
计提折旧	记入利润表折旧
新市场/ISO资格换证	无

完成一年经营后,首先根据盘面各费用项可以生成综合费用表,之后再生成利润表,见表4-5。

表4-5 利润表数据来源及关系

编号	项目	数据来源	关系
1	销售收入	产品核算统计表	
2	直接成本	产品核算统计表	
3	毛利		=1-2
4	综合费用	综合费用表	
5	折旧前利润		=3-4
6	折旧	盘面	
7	支付利息前利润		=5-6
8	财务费用	盘面	
9	税前利润		=7-8
10	所得税	税前利润的25%	
11	年度净利润		=9-10

注:销售收入——不论该销售有无收现,均记入当年销售收入;
直接成本——已经实现销售的成品直接成本;
财务费用——含长贷利息、短贷利息及贴息(只记已经付现的费用)。

完成利润表后,可以生成资产负债表4-6。

表4-6 资产负债表数据来源及关系

项目	来源说明	项目	来源说明
现金	盘面	长期负债	盘面
应收款	盘面	短期负债	盘面
在制品	盘面	应交所得税	本年利润表
产成品	盘面		
原材料	盘面		
流动资产合计	以上五项之和	负债合计	以上三项之和
厂房	盘面	股东资本	初始设定(不变)
生产线	盘面	利润留存	上年利润留存+上年年度净利润
在建工程	盘面	年度净利润	本年利润表
固定资产合计	以上三项之和	所得者权益合计	以上三项之和
资产合计	流动资产合计+固定资产合计	负债和所有者权益合计	负债合计+所有者权益合计

【注意事项】在制品、产成品、原材料项目入账的是价值,而非数量。

六、起始年经营

学习了经营规则之后，老领导班子本着"扶上马、送一程"的原则，将带领新班子经营一年，称为起始年或第0年。新管理层在起始年的主要任务是磨合团队、熟悉规则，为将来的经营打下基础。起始年以稳健为主，可略有发展，如制定如下经营策略：

- 年初支付1M广告费；
- 第三季度申请20M短贷；
- 开发一条自动线（第二季度开建），生产P1，第一季度卖掉一条手工线；
- 第四季度订一个R1。

起始年得到本地市场一张订单——六个P1，2Q应收账期，32M销售额。营销总监据此填写订单登记、销售核算统计表，财务总监制定现金预算表（表4-7）。执行以上经营策略，得到如表4-8所列的企业经营流程表及表4-9所列的财务报表。

表4-7 起始年企业现金预算表

序号		1	2	3	4
1	期初库存现金	20	12	4	32
2	支付上年应交税	-1			
3	支付上年长贷利息	-4			
4	支付到期长期贷款				
5	市场广告投入	-1			
6	新增长期贷款				
7	出售库存				
8	支付短贷利息				
9	支付到期短期贷款				
10	新增短期贷款			20	
11	原料采购支付现金	-2			
12	购买/租用厂房				
13	转产费用				
14	生产线投资/变卖	1	-5	-5	-5
15	工人工资（加工费）		-2	-1	-1
16	应收款到期			15	32
17	产品研发投资				
18	支付管理费用	-1	-1	-1	-1
19	贴现费用				
20	紧急采购				
21	设备维护费用				-3

续表

序号		1	2	3	4
22	市场开拓投资				
23	ISO 认证投资				
24	违约罚款				
25	预计本年长贷利息				(-4)
26	预计下年到期长期贷款				( )
27	库存现金余额	12	4	32	54

表 4-8 起始年企业经营流程表

操作顺序	企业经营流程		每执行完一项操作，CEO 请在相应的方格内打钩。			
	手工操作流程	系统操作	手工记录			
年初	新年度规划会议		20			
	广告投放	输入广告费确认	-1			
	参加订货会选订单/登记订单	选单				
	支付应付税	系统自动	-1			
	支付长贷利息	系统自动	-4			
	更新长期贷款/长期贷款还款	系统自动				
	申请长期贷款	输入贷款数额并确认				
1	季初盘点（请填余额）	产品下线，生产线完工（自动）	14	12	4	32
2	更新短期贷款/短期贷款还本付息	系统自动				
3	申请短期贷款	输入贷款数额并确认	20			
4	原材料入库/更新原料订单	需要确认金额	-2			
5	下原料订单	输入并确认	1R1			
6	购买/租用厂房	选择并确认，自动扣现金				
7	更新生产/完工入库	系统自动				
8	新建/在建/转产/变卖生产线	选择并确认	1	-5	-5	-5
9	紧急采购（随时进行）	随时进行输入并确认				
10	开始下一批生产	选择并确认	-2	-1	-1	
11	更新应收款/应收款收现	需要输入到期金额	15	32		
12	按订单交货	选择交货订单确认	交货			
13	产品研发投资	选择并确认				

操作顺序	企业经营流程		每执行完一项操作，CEO 请在相应的方格内打钩。			
	手工操作流程	系统操作	手工记录			
14	厂房出售（买转租）/退租/租转买	选择确认，自动转应收款				
15	新市场开拓/ISO 资格投资	仅第四季度允许操作				
16	支付管理费/更新厂房租金	系统自动	−1	−1	−1	−1
17	出售库存	输入并确认（随时进行）				
18	厂房贴现	随时进行				
19	应收款贴现	输入并确认（随时进行）				
20	季末收入合计					
21	季末支出合计					
22	季末数额对账〔（1）+（20）−（21）〕		12	4	32	
年末	缴纳违约订单罚款	系统自动				
	支付设备维护费	系统自动				−3
	计提折旧	系统自动				(−4)
	新市场/ISO 资格换证	系统自动				
	结账					54

表 4-9 起始年财务报表

综合费用表（a）

项目	金额
管理费	4
广告费	1
设备维护费	3
损失	2
转产费	0
厂房租金	0
新市场开拓	0
ISO 资格认证	0
产品研发	0
信息费	0
合计	10

利润表（b）

项目	金额
销售收入	32
直接成本	12
毛利	20
综合费用	10
折旧前利润	10
折旧	4
支付利息前利润	6
财务费用	4
税前利润	2
所得税	0
年度净利润	2

注：①将手工线出售时净值为 3M，只得到相当于残值 1M 现金，故记其他损失 2M。
②所得税向下取整，2×33% =0.6M，故此处记为 0M。

资产负债表（c）

项目	金额	项目	金额
现金	54	长期负债	40
应收款		短期负债	20
在制品	6	应交所得税	
产成品	4	—	—
原材料	1	—	—
流动资产合计	65	负债合计	60
厂房	40	股东资本	50
生产线	6	利润留存	14
在建工程	15	年度净利	2
固定资产合计	61	所有者权益合计	66
资产总计	126	负债和所有者权益总计	126

注：一条半自动线，净值为2M，生产周期为1Q；两条手工线，净值各为2M，生产周期分别为2Q、3Q；长期负债三年期、四年期各20M，短期负债为3Q，有一个R1订单。

七、全新的开始

学习了基本的经营流程和规则，新的管理层将接过企业发展的重任，完全独立经营，承担企业发展的重任。这是一个全新的开始，充满挑战和机遇。企业新主人将独立面对市场，但必须读懂由权威市场调研机构提供的对未来六年里各个市场需求所做的预测。该预测有很高的可信度，但一味根据这一预测进行企业运营，后果自负。

至此，一代新的企业领导者们将开始全新的经营之旅。

第三节 电子沙盘介绍

ERP电子沙盘是模拟企业经营的软件系统，本书所阐述的ERP电子沙盘的内容主要基于"创业者"企业模拟经营系统。"创业者"企业模拟经营系统是用友软件股份有限公司设计的企业经营模拟软件，它是基于流程的互动经营模式的模拟经营平台。该系统与实物ERP沙盘相结合，继承了ERP实物沙盘直观形象的特点，同时实现了选单、经营过程、报表生成、结果分析等部分业务由软件系统自动完成的功能。一方面能够将指导教师彻底从选单、数据录入、现场监控等事务性工作中解放出来，而将重点放在企业经营的本质分析等环节；另一方面，对各个小组模拟经营企业的过程与结果实施全方位的自动监控、自动记录，实现部分业务自动化处理，将学生模拟经营企业的重点放在制定与实施各项经营决策方面，通过经营结果初步检验决策的科学性、正确性，从而培养与锻炼学生的基本决策能力、执行能力与应变能力。

一、系统安装与运行启动

（一）服务器配置

CPU：Intel P4 2GB，或同等性能的 CPU（最低 CPU：Intel P3 1GB）

内存：512MB（注：最低 256MB）

硬盘：4GB（最低：1GB）

其他要求：标准 USB 接口

（二）安装准备

关闭 QQ、迅雷等网络应用程序。并且确认 80 端口不被占用，检测方法为进入开始→运行，执行命令 CMD 和 netstat – na；。系统自带 WEB PUBLISHER 服务，因此需要关闭 IIS 服务，关闭方法为进入开始→运行，执行命令 services.msc，然后找到 IIS 服务，并关闭它。

（三）应用程序安装

在光盘上双击安装程序（以加密狗编号命名的 EXE 文件），单击下一步即可。

（四）安装加密狗驱动程序

在 USB 端口插入加密狗，在屏幕右下角出现新硬件提示，鼠标单击后出现如图 4 – 9 所示的提示。设置完成后，单击"下一步"，进入安装程序第二步，如图 4 – 10 所示。

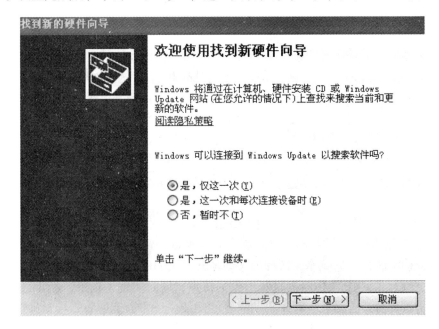

图 4 – 9　安装加密狗驱动程序第一步

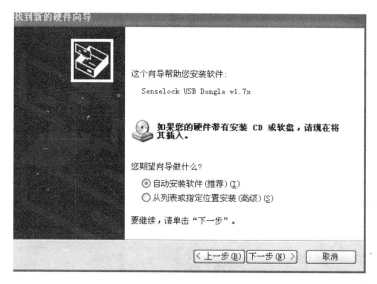

图 4 – 10　安装加密狗驱动程序第二步

可以选择"自动安装软件",也可选"从列表或指定位置安装",加密狗驱动程序在光盘中查找。安装完全后需要去设备管理器检测安装是否成功。注意在使用过程加密狗不要拔出。

（五）注册激活

单击桌面注册激活图标,填入正确的学校名称（注意:一定要填写准确,学校名称将显示在系统主页上）,单击生成注册信息,然后按照提示在相应网址中注册激活。激活网址:http://www.135e.com/,具体操作请参见安装说明（视频文件）。

（六）运行启动

当系统安装并注册完成之后,每次运行必须经过以下步骤:

1. 服务启动

每次运行系统前,必须单击桌面上创业者"服务启动"图标,启动创业者系统服务程序。当屏幕右下角出现红色小图标（图 4 – 11）时,表示服务启动成功。

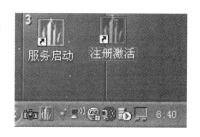

图 4 – 11　服务启动

注意:服务启动可能较慢,请不要多次单击。

2. 系统启动

打开 IE 浏览器,在地址栏中键入:

（1）http://服务器 IP/Member/Login.asp,进入前台（学生端）,具体操作流程详见"创业者学生端（前台）操作演示（视频）"。

（2）http://服务器 IP/Manage/Login.asp,进入后台（教师端）,具体操作流程详见"创业者教师端（后台）操作演示（视频）"。

二、学生端（前台）操作说明

（一）登录系统

1. 进入系统

（1）打开 IE 浏览器；

（2）在地址栏输入：http：//服务器地址或服务器机器名，进入创业者系统；
（3）单击创业者标志图，进入学生端登录窗口；
（4）用户名为公司代码 A、B、C 等，首次登录的初始密码为"1"。

2. 首次登录填写信息

只有第一次登录需要填写：登录密码、公司名称（必填）、各职位人员姓名（如有多人，可以在一个职位中输入两个以上的人员姓名）（必填），登记确认后不可更改，密码可更改。

3. 操作窗口（图 4 – 12）

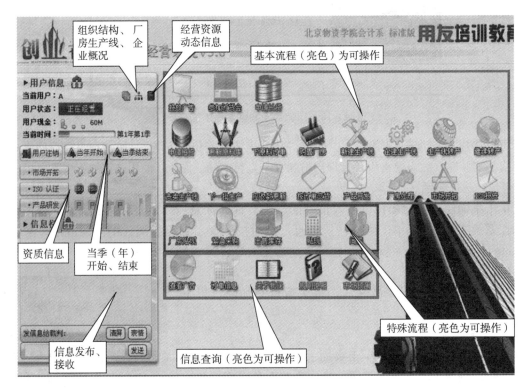

图 4 – 12　学生端（前台）操作窗口

（二）基本流程运行任务

系统中的操作分为基本流程和特殊流程，基本流程要求按照一定的顺序依次执行，不允许改变其执行的顺序。

1. 年初任务

（1）投放广告。

没有获得任何市场准入证时不能打开投放广告窗口；在投放广告窗口中，市场名称为红色表示尚未开发完成，不可投放广告；完成所有市场产品投放后，如图 4 – 13 所示，选择"确认投放"退出，退出后不能返回更改；投放完成后，可以通过广告查询，查看已经完成投放广告的其他公司广告投放；广告投放确认后，长贷本息及税金同时被自动扣除。

（2）选单。

选单权限系统自动传递，有权限队伍必须在倒计时以内选单，否则系统视为放弃本回合。不可选订单显示为红色；系统自动判定是否有 ISO 资格；可放弃本回合（该市场的确定

▶ 投放广告

产品/市场	本地	区域	国内	亚洲	国际
P1	0	0	0	0	0
P2	0	0	0	0	0
P3	0	0	0	0	0
P4	0	0	0	0	0

确认投放

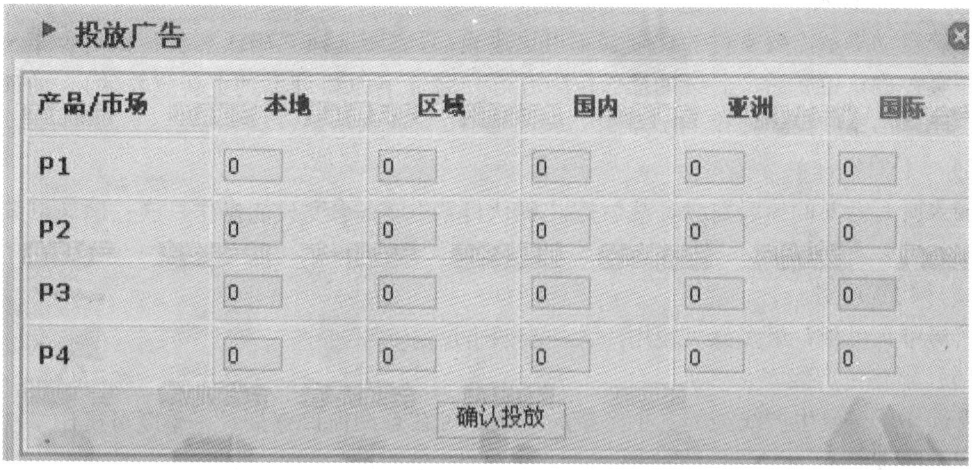

图 4－13　投放广告窗口

产品）及本年（该市场的全部产品）选单，但仍可查看其他队选单。

（3）申请长贷。

选单结束后直接操作，一年只此一次，然后再按“当年开始”按钮；不可超出最大贷款额度；可选择贷款年限，确认后不可更改；贷款额为 10 的倍数。

2. 季度任务

（1）启动与结束。

每季度经营开始及结束需要确认当季（年）开始、当季（年）结束，第一季度显示为当年开始，第四季度显示为当年结束；请注意操作权限，亮色按钮为可操作权限；如破产则无法继续经营，自动退出系统；现金不够请紧急融资（出售库存、贴现）；更新原料库和更新应收款为每季度必走流程；操作顺序并无严格要求，但建议按流程走，选择操作请双击。

①当季开始。选单结束或长贷后当年开始，开始新一季经营需要当季开始；系统自动扣除短贷本息；系统自动完成更新生产、产品入库及转产操作。如图 4－14 所示。

②当季结束。一季度经营完成需要当季结束确认；系统自动扣管理费（为 1M/季）及租金并且检测产品开发完成情况。如图 4－15 所示。

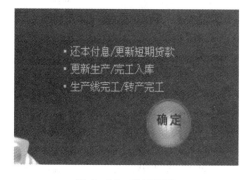

图 4－14　当季开始

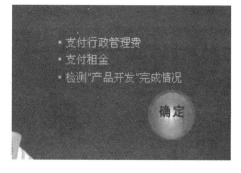

图 4－15　当季结束

（2）申请短贷。

一季度只能操作一次；申请额为 20 的倍数；长短贷总额不可超过上年权益规定的倍数。

(3) 原材料入库。

系统自动提示需要支付的现金（不可更改）；只需要选择"确认更新"即可；系统自动扣减现金；确认更新后，后续的操作权限方可开启（下原料订单到更新应收款），前面操作权限关闭；一季度只能操作一次。

(4) 下原料订单。

输入所有需要的原料数量，然后按"确认订购"，一季度只能操作一次；确认订购后不可退订；可以不下订单。

(5) 购置厂房。

厂房可买可租，最多只可使用一大一小两个厂房。

(6) 新建生产线。

需选择厂房、生产线类型、生产产品类型；可在查询窗口查询；一季度可操作多次，直至生产位铺满。

(7) 在建生产线。

系统自动列出投资未完全生产线；复选需要继续投资的生产线；可以不选；一季度只可操作一次。

(8) 生产线转产。

系统自动列出符合转产要求的生产线（建成且没有在产品的生产线）；单选一条生产线，并选择转产的生产产品；可多次操作。

(9) 变卖生产线。

系统自动列出可变卖生产线（建成后没有在制品的空置生产线，转产中生产线也可卖）；单选操作生产线后，按"确认变卖"按钮；可重复操作，也可放弃操作变卖后，从价值中按残值收回现金，高于残值的部分记入当年费用的损失项目。

(10) 开始下一批生产。

系统自动列出可以进行生产的生产线；自动检测原料、生产资格、加工费；依次单击"开始生产"按钮，直到窗口中没有生产线列示，或提示不能正常开工为止；系统自动扣除原料及加工费用。

(11) 应收款更新。

系统不提示本期到账的应收款，需要自行填入到期应收款的金额，多填不允许操作，少填时，则按实际填写的金额收现，少收部分转入下一期应收款；此步操作后，前面的各项操作权限关闭（不能返回以前的操作任务），并开启以后的操作任务。如图 4-16 所示。

图 4-16 应收款更新

(12) 按订单交货。

系统自动列出当年未交订单；自动检测成品库存是否足够，交单时间是否过期；按"确认交货"按钮，系统自动增加应收款或现金；超过交货期则不能交货，系统收回违约订单，并在年底扣除违约金（列支在损失项目中）。

(13) 产品开发。

复选操作，需同时选定要开发的所有产品，一季度只允许一次；按"确认投资"按钮确认并退出本窗口，一旦退出，则本季度不能再次进入；当季结束系统检测开发是否完成。

（14）厂房处理。

如果拥有厂房但无生产线，可卖出，增加 4Q 应收款，并删除厂房；如果拥有厂房且有生产线，卖出后增加 4Q 应收款，自动转为租，并扣当年租金，记下租入时间；租入厂房如果离上次付租金满一年；如果有生产线，可以转为购买，并当季扣除现金；如果无生产线，可选择续租或购买，也可退租删除厂房；离上次付租满一年，如果不执行本操作，视为续租，并在当季结束时自动扣租金。

（15）市场开拓。

复选操作选择所有要开发的市场，然后按"确认投资"按钮；只有第四季度可操作一次；第四季度结束系统自动检测市场开拓是否完成。

（16）ISO 投资。（请作者审）

复选操作选择所有要开发的市场，然后按"确认投资"按钮；只有第四季可操作一次；第四季结束系统自动检测开拓是否完成。

（17）当年结束。

第四季度经营结束，则需要当年结束，确认一年经营完成；系统自动完成图 4-17 所示任务，并在后台生成三张报表。

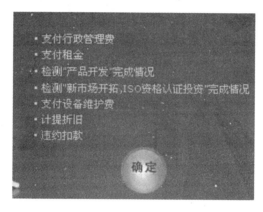

图 4-17　当年结束

（三）特殊流程运行任务

特殊流程的运行任务不受正常流程运行顺序的限制，当需要时就可以操作的任务。此类操作分为两类，第一类为运行类操作，这类操作改变企业资源的状态，如固定资产变为流动资产等；第二类操作为查询类操作，该类操作不改变任何资源状态，只是查询资源情况。

1. 厂房贴现

任意时间可操作；将厂房卖出，获得现金；如果无生产线，厂房原值售出后，所有售价按四季度应收款全部贴现；如果有生产线，除按售价贴现外，还要再扣除租金；系统自动全部贴现，不允许部分贴现。

2. 紧急采购

可在任意时间操作；单选需购买的原料或产品，填写购买数量后确认订购；原料及产品的价格列示在右侧栏中；立即扣款到货；购买的原料和产品均按照标准价格计算，高于标准价格的部分，记入损失。如图 4-18 所示。

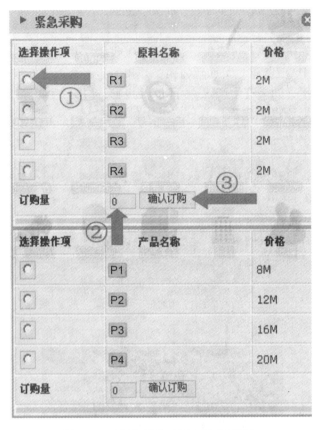

图4-18 紧急采购（图中数字平排）

3. 出售库存

可在任意时间操作；填入售出原料或产品的数量，然后确认出售；原料、成品按照系统设置的折扣率回收现金；售出后的损失部分记入费用的损失项；所取现金向下取整。

4. 贴现

一、二季度与三、四季度分开；可在任意时间操作；次数不限；填入贴现额应小于或等于应收款；输入贴现额乘以对应贴现率，求得贴现费用（向上取整），贴现费用记入财务支出，其他增加现金，如图4-19所示。

5. 商业情报收集（间谍）

任意时间可操作；可查看任意一家企业信息，查看总时间为20分钟；费用为2M/次；可以查看厂房、生产线、市场开拓、ISO开拓、产品开发情况。

6. 订单信息

任意时间可操作；可查所有订单信息及状态。

7. 破产检测

广告投放完毕、当季（年）开始、当季（年）结束、更新原料库等处，系统自动检测已有现金加上最大贴现及出售所有库存及厂房贴现，是否足够本次支出，如果不够，则破产退出系统。如需继续经营，联系管理员（教师）进行处理；当年结束，若权益为负，则破产退出系统，如需继续经营，联系管理员（教师）进行处理。

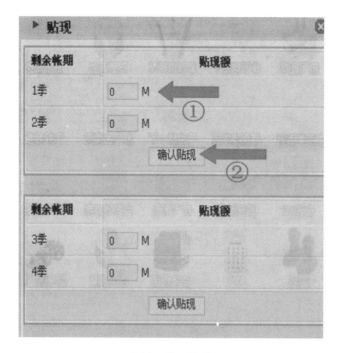

图 4-19 贴现

8. 其他

需要付现操作系统均会自动检测，如不够，则无法进行下去；请注意更新原料库及更新应收款两个操作，是其他操作之开关；对操作顺序并无严格要求；可通过 IM 与管理员（教师）联系；市场开拓与 ISO 投资仅第四季度可操作；广告投放完后，通过查看订货会可知道其他企业广告投放情况；操作中发生显示不当，立即按 F5 刷新或退出重登。

三、教师端（后台）操作说明

（一）登录系统

1. 启动服务

安装好系统的机器称为"服务器"。启动运行需要按照下列步骤进行：

（1）插入加密锁（USB）；

（2）双击桌面上的"创业者"服务启动图标，启动服务。当桌面右下角出现"创业者"标志时，服务启动。

2. 进入系统

打开 IE 浏览器；在地址栏输入 http://服务器地址或服务器机器名或 127.0.0.1/manage/login.asp，进入教师端。

（二）超级用户操作

超级用户是系统自带的一个不可更改的管理员，用户名为 admin，密码为 admin。超级用户的操作权限包括系统初始化——确定分组方案、运行参数设置——修订系统运行参数、添加管理员——通过"管理员列表"添加负责运行操作的管理员。

注意：超级用户不能参与运行管理，运行管理必须由管理员操作。如图 4-20 所示。

图 4-20　超级用户操作

1. 参数设置

更改系统（运行）参数。注意：修改系统参数时，必须让用户（学生端）退出系统；在运行过程中，不得更改系统参数。如图 4-21 所示。

▶ 系统参数

违约扣款百分比	20	%	最大长贷年限	5	年
库存折价率(产品)	100	%	库存折价率(原料)	80	%
长期贷款利率	10	%	短期贷款利率	5	%
贷款额倍数	4	倍	初始现金(股东资本)	50	M
贴现率(1,2期)	10	%	贴现率(3,4期)	12.5	%
管理费	1	M	信息费	1	M
紧急采购倍数(原料)	2	倍	紧急采购倍数(产品)	4	倍
所得税率	25	%	最大经营年限	6	年
选单时间	60	秒			

确 定

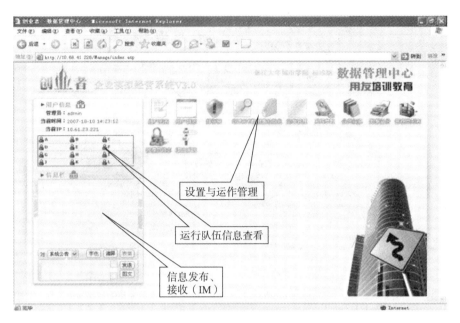

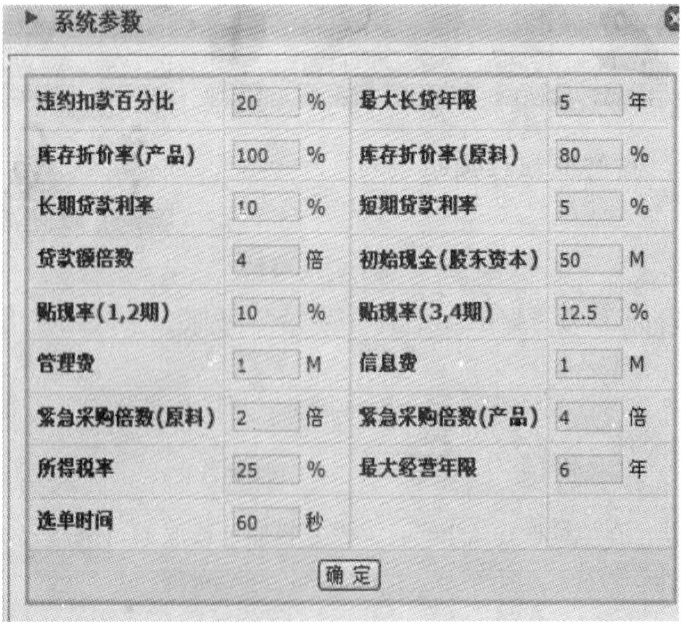

图 4-21　系统参数设置

2. 系统初始化（分组方案）

系统初始化的功能是按分组方案确定参训用户，并将用户名定义为 A、B、C……。将用户状态设为 NEW，经营时间设为第一年第一季度；所有经营数据清零。

注意：初始化时必须让所有用户（学生端）退出系统。

3. 添加管理员

必须添加至少一个运行管理员，以执行训练后台管理工作；单击管理员名称，进入修改状态，可修改其权限、密码等；单击添加管理员，输入管理员名称、密码等，选定管理员权限，确定输入即可。

4. 数据备份和恢复

在"备份文件"的编辑框中输入备份文件名后，单击"执行备份"按钮，备份本次训练的数据。

注意：训练记录必须备份才能留档。在"文件列表"中选择回复的文件名后，单击"执行恢复"按钮，恢复训练数据，查询历史数据。系统中只能有一套数据。

（三）**管理员操作**

管理员是可以进入后台进行系统运行控制的用户，由 admin 添加。管理员具有以下权限：

（1）用户操作状态——通过"用户列表"修改用户状态；

New——不参加训练

Operation——正常训练

Bankrupt——破产

（2）用户日志——查询用户操作记录；

（3）排行榜——查询用户各年的得分排名；

（4）订单管理——各年订货会议启动（当所有参训队均完成投放广告后）；

（5）查询各年报表——通过"公共信息"，查询各队的报表；

（6）数据备份——当训练结束后，可以直接将本次训练的记录制作备份。

注意：超级用户不能参与运行管理，运行过程必须由 admin 定义的管理员管理。

模块五

ERP 沙盘试运营

学习目标

- 熟悉企业运营的基本内容和步骤；
- 掌握团队合作要领；
- 掌握角色分工和岗位工作职能；
- 掌握企业资源计划的编制、实施与调整。

相关知识

在此阶段，由各企业试运营三年。其主要目的是：

首先，团队成员进入角色，熟悉运营规则，各司其职；

其次，掌握团队合作技巧，通过操作流程及运营文件规范经营；

最后，尝试独立决策，体验市场竞争，领悟经营之道。

为了达到以上目的，在试运营期间，各企业成员必须严格遵守运营规则，按流程操作物理及电子沙盘，并形成运营文件。基本流程如图 5-1 所示：

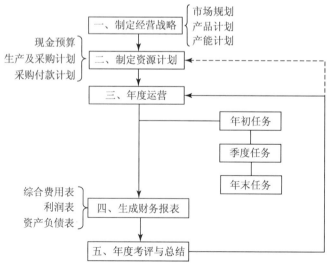

图 5-1 企业运营流程

第一节　第一年试运营

（一）经营流程表　　　　第____年　用户____

操作顺序	企业经营流程		每执行完一项操作，CEO请在相应的方格内打钩。			
	手工操作流程	系统操作	手工记录			
年初	新年度规划会议					
	广告投放	输入广告费确认				
	参加订货会选订单/登记订单	选单				
	支付应付税	系统自动				
	支付长贷利息	系统自动				
	更新长期贷款/长期贷款还款	系统自动				
	申请长期贷款	输入贷款数额并确认				
1	季初盘点（请填余额）	产品下线，生产线完工				
2	更新短期贷款/短贷还本付息	系统自动				
3	申请短期贷款	输入贷款数额并确认				
4	原材料入库/更新原料订单	需要确认金额				
5	下原料订单	输入并确认				
6	购买/租用——厂房	选择确认，自动扣现金				
7	更新生产/完工入库	系统自动				
8	新建/在建/转产/变卖——生产线	选择并确认				
9	紧急采购（随时进行）	随时进行输入并确认				
10	开始下一批生产	选择并确认				
11	更新应收款/应收款收现	需要输入到期金额				
12	按订单交货	选择交货订单确认				
13	产品研发投资	选择并确认				
14	厂房——出售（买转租）/退租/租转买	选择确认，转应收款				
15	新市场开拓/ISO资格投资	仅第四季度允许操作				
16	支付管理费/更新厂房租金	系统自动				
17	出售库存	输入并确认（随时进行）				
18	厂房贴现	随时进行				
19	应收款贴现	输入并确认（随时进行）				
20	季末收入合计					
21	季末支出合计					
22	季末数额对账［（1）＋（20）－（21）］					
年末	缴纳违约订单罚款	系统自动				
	支付设备维护费	系统自动				
	计提折旧	系统自动				（　）
	新市场/ISO资格换证	系统自动				

（二）现金预算表　　　　第____年　用户____

序号		1	2	3	4
1	期初库存现金				
2	支付上年应交税				
3	支付上年长贷利息				
4	支付到期长期贷款				
5	市场广告投入				
6	长期贷款				
7	出售库存收入				
8	支付短贷利息				
9	支付到期短期贷款				
10	短期贷款				
11	原料采购支付现金				
12	购买/租用厂房				
13	转产费用				
14	生产线投资/变卖				
15	工人工资（加工费）				
16	应收款到期				
17	产品研发投资				
18	支付管理费用				
19	贴现费用				
20	紧急采购				
21	设备维护费用				
22	市场开拓投资				
23	ISO 认证投资				
24	违约罚款				
25	预计本年长贷利息				（　）
26	预计下年到期长期贷款				（　）
27	库存现金余额				

（三）财务报表　　　　第___年　用户___

综合费用表

项目	金额
管理费	
广告费	
设备维护费	
损失	
转产费	
厂房租金	
新市场开拓	
ISO 资格认证	
产品研发	
信息费	
合计	

利润表

项目	金额
销售收入	
直接成本	
毛利	
综合费用	
折旧前利润	
折旧	
支付利息前利润	
财务费用	
税前利润	
所得税	
年度净利润	

资产负债表

项目	金额	项目	金额
现金		长期负债	
应收款		短期负债	
在制品		应交所得税	
产成品		—	—
原材料		—	—
流动资产合计		负债合计	
厂房		股东资本	
生产线		利润留存	
在建工程		年度净利	
固定资产合计		所有者权益合计	
资产总计		负债和所有者权益总计	

注：库存折价拍价、生产线变卖、紧急采购、订单违约记入损失；
每年经营结束请将此表交到裁判处核对。

第二节　第二年试运营

(一) 经营流程表　　　第＿＿＿年　用户＿＿＿

操作顺序	企业经营流程		每执行完一项操作，CEO 请在相应的方格内打钩。			
	手工操作流程	系统操作	手工记录			
年初	新年度规划会议					
	广告投放	输入广告费确认				
	参加订货会选订单/登记订单	选单				
	支付应付税	系统自动				
	支付长贷利息	系统自动				
	更新长期贷款/长期贷款还款	系统自动				
	申请长期贷款	输入贷款数额并确认				
1	季初盘点（请填余额）	产品下线，生产线完工				
2	更新短期贷款/短贷还本付息	系统自动				
3	申请短期贷款	输入贷款数额并确认				
4	原材料入库/更新原料订单	需要确认金额				
5	下原料订单	输入并确认				
6	购买/租用——厂房	选择确认，自动扣现金				
7	更新生产/完工入库	系统自动				
8	新建/在建/转产/变卖——生产线	选择并确认				
9	紧急采购（随时进行）	随时进行输入并确认				
10	开始下一批生产	选择并确认				
11	更新应收款/应收款收现	需要输入到期金额				
12	按订单交货	选择交货订单确认				
13	产品研发投资	选择并确认				
14	厂房——出售（买转租）/退租/租转买	选择确认，转应收款				
15	新市场开拓/ISO 资格投资	仅第四季度允许操作				
16	支付管理费/更新厂房租金	系统自动				
17	出售库存	输入并确认（随时进行）				
18	厂房贴现	随时进行				
19	应收款贴现	输入并确认（随时进行）				
20	季末收入合计					
21	季末支出合计					
22	季末数额对账 [（1）+（20）-（21）]					
年末	缴纳违约订单罚款	系统自动				
	支付设备维护费	系统自动				
	计提折旧	系统自动				（　）
	新市场/ISO 资格换证	系统自动				

（二）广告投放方案　　　　第___年　用户___

产品 ＼ 市场	本地	区域	国内	亚洲	国际
P1					
P2					
P3					
P4					

（三）订单登记表　　　　第___年　用户___

订单号									合计
市场									
产品									
数量									
账期									
销售额									
成本									
毛利									
未售									
违约金									

（四）计划调整方案

_____
_____
_____
_____
_____

（五）现金预算表　　　　第___年　用户___

序号		1	2	3	4
1	期初库存现金				
2	支付上年应交税				
3	支付上年长贷利息				
4	支付到期长期贷款				
5	市场广告投入				
6	长期贷款				
7	出售库存收入				
8	支付短贷利息				
9	支付到期短期贷款				
10	短期贷款				
11	原料采购支付现金				
12	购买/租用厂房				
13	转产费用				
14	生产线投资/变卖				
15	工人工资（加工费）				
16	应收款到期				
17	产品研发投资				
18	支付管理费用				
19	贴现费用				
20	紧急采购				
21	设备维护费用				
22	市场开拓投资				
23	ISO 认证投资				
24	违约罚款				
25	预计本年长贷利息				（　　）
26	预计下年到期长期贷款				（　　）
27	库存现金余额				

（六）财务报表　　　　第＿＿＿年　用户＿＿＿

综合费用表

项目	金额
管理费	
广告费	
设备维护费	
损失	
转产费	
厂房租金	
新市场开拓	
ISO 资格认证	
产品研发	
信息费	
合计	

利润表

项目	金额
销售收入	
直接成本	
毛利	
综合费用	
折旧前利润	
折旧	
支付利息前利润	
财务费用	
税前利润	
所得税	
年度净利润	

资产负债表

项目	金额	项目	金额
现金		长期负债	
应收款		短期负债	
在制品		应交所得税	
产成品		—	—
原材料		—	—
流动资产合计		负债合计	
厂房		股东资本	
生产线		利润留存	
在建工程		年度净利	
固定资产合计		所有者权益合计	
资产总计		负债和所有者权益总计	

注：库存折价拍价、生产线变卖、紧急采购、订单违约记入损失；
每年经营结束后请将此表交到裁判处核对。

第三节　第三年试运营

（一）经营流程表　　　　第____年　用户____

操作顺序	企业经营流程		每执行完一项操作，CEO 请在相应的方格内打钩。			
	手工操作流程	系统操作	手工记录			
年初	新年度规划会议					
	广告投放	输入广告费确认				
	参加订货会选订单/登记订单	选单				
	支付应付税	系统自动				
	支付长贷利息	系统自动				
	更新长期贷款/长期贷款还款	系统自动				
	申请长期贷款	输入贷款数额并确认				
1	季初盘点（请填余额）	产品下线，生产线完工				
2	更新短期贷款/短贷还本付息	系统自动				
3	申请短期贷款	输入贷款数额并确认				
4	原材料入库/更新原料订单	需要确认金额				
5	下原料订单	输入并确认				
6	购买/租用——厂房	选择确认，自动扣现金				
7	更新生产/完工入库	系统自动				
8	新建/在建/转产/变卖——生产线	选择并确认				
9	紧急采购（随时进行）	随时进行输入并确认				
10	开始下一批生产	选择并确认				
11	更新应收款/应收款收现	需要输入到期金额				
12	按订单交货	选择交货订单确认				
13	产品研发投资	选择并确认				
14	厂房——出售（买转租）/退租/租转买	选择确认，转应收款				
15	新市场开拓/ISO 资格投资	仅第四季度允许操作				
16	支付管理费/更新厂房租金	系统自动				
17	出售库存	输入并确认（随时进行）				
18	厂房贴现	随时进行				
19	应收款贴现	输入并确认（随时进行）				
20	季末收入合计					
21	季末支出合计					
22	季末数额对账［（1）+（20）－（21）］					
年末	缴纳违约订单罚款	系统自动				
	支付设备维护费	系统自动				
	计提折旧	系统自动				（　）
	新市场/ISO 资格换证	系统自动				

（二）广告投放方案　　　　　第___年　用户___

产品 \ 市场	本地	区域	国内	亚洲	国际
P1					
P2					
P3					
P4					

（三）订单登记表　　　　　第___年　用户___

订单号										合计
市场										
产品										
数量										
账期										
销售额										
成本										
毛利										
未售										
违约金										

（四）计划调整方案

_____
_____
_____
_____

（五）现金预算表　　　　第___年　用户___

序号		1	2	3	4
1	期初库存现金				
2	支付上年应交税				
3	支付上年长贷利息				
4	支付到期长期贷款				
5	市场广告投入				
6	长期贷款				
7	出售库存收入				
8	支付短贷利息				
9	支付到期短期贷款				
10	短期贷款				
11	原料采购支付现金				
12	购买/租用厂房				
13	转产费用				
14	生产线投资/变卖				
15	工人工资（加工费）				
16	应收款到期				
17	产品研发投资				
18	支付管理费用				
19	贴现费用				
20	紧急采购				
21	设备维护费用				
22	市场开拓投资				
23	ISO认证投资				
24	违约罚款				
25	预计本年长贷利息				（　）
26	预计下年到期长期贷款				（　）
27	库存现金余额				

(六)财务报表   第___年 用户___

综合费用表

项目	金额
管理费	
广告费	
设备维护费	
损失	
转产费	
厂房租金	
新市场开拓	
ISO 资格认证	
产品研发	
信息费	
合计	

利润表

项目	金额
销售收入	
直接成本	
毛利	
综合费用	
折旧前利润	
折旧	
支付利息前利润	
财务费用	
税前利润	
所得税	
年度净利润	

资产负债表

项目	金额	项目	金额
现金		长期负债	
应收款		短期负债	
在制品		应交所得税	
产成品		—	—
原材料		—	—
流动资产合计		负债合计	
厂房		股东资本	
生产线		利润留存	
在建工程		年度净利	
固定资产合计		所有者权益合计	
资产总计		负债和所有者权益总计	

注:库存折价拍价、生产线变卖、紧急采购、订单违约记入损失;
每年经营结束请将此表交到裁判处核对。

试运营总结

新的管理团队接手后,企业的经营收益如何?在企业试运营的这三年里,你们有什么收获?请把你们的经营感想记录下来。

你们的经营计划执行情况怎样?

经营遇到了哪些问题?

试运营过程中如何改进?

你们对企业经营有了哪些感性认识?

模块六

企业运营分析

学习目标

- 熟悉企业战略分析方法；
- 掌握市场分析与预测方法；
- 掌握企业财务分析方法；
- 掌握企业的生产与运作分析方法。

第一节　企业战略分析

所谓企业战略分析，其实质在于通过对企业所在行业或企业拟进入行业的分析，明确企业自身地位及应采取的竞争策略，以权衡收益与风险，了解与掌握企业的发展潜力，特别是在企业价值创造或盈利方面的潜力。它主要包括行业分析与竞争策略分析两个方面。对于ERP沙盘模拟企业经营而言，各经营团队都进入相同的行业，所以CEO领导下的团队如何选择竞争策略成为成功的关键，重要的竞争策略主要包括低成本竞争策略和产品差异策略。两种策略的不同直接决定企业产品的毛利空间，而企业毛利空间的不同，直接决定了企业在营销、筹资、市场开发上投入空间的大小，毛利的概念与量本利分析中的边际贡献概念相近，但不完全一致。

产品毛利 = 产品价格 − 产品直接成本

产品毛利率 = 产品毛利/产品价格

传统的竞争策略分析认为，低成本竞争策略和产品差异策略是互相排斥的，所以处于两种策略中间的企业是危险的。在ERP沙盘模拟经营中可以看到，很多团队在经营之初同时申请ISO9000及ISO14000两项认证，后期却仍然以P系列低端产品为主要产品，造成了认证成本及资格维护成本的浪费，影响了企业的利润。同时，某些经营团队在低成本策略指导下企业经营难以维持，被迫拟实行产品差异战略。但是认证又需要周期，导致企业陷入了产品转型的困境。

通过毛利率分析应该清醒地认识到，企业必须及早确定竞争战略，并能根据竞争对手的策略和市场环境的变化进行调整，在CEO的带领下将竞争战略渗透到企业的经营过程中。

任何一个企业都不可避免地会面临竞争的问题。要发展，就必须面对竞争。那么如何应对竞争并制定相应的竞争策略呢？这里我们将介绍两种分析方法帮助企业分析所面临的日益激烈的竞争环境，然后采取相应的措施，保持自身优势，加快发展。

一、SWOT 模型分析法

SWOT 分析法即态势分析法，20 世纪 80 年代初由美国旧金山大学的管理学教授韦里克提出，经常被用于企业战略制定、竞争对手分析等场合。在现在的战略规划报告里，SWOT 分析应该算是一个众所周知的工具。来自于麦肯锡咨询公司的 SWOT 分析，包括分析企业的优势（Strengths）、劣势（Weaknesses）、机会（Opportunities）和威胁（Threats）。因此，SWOT 分析实际上是对企业内外部条件各方面内容进行综合和概括，进而分析组织的优劣势、面临的机会和威胁的一种方法。

（一）SWOT 模型含义介绍

优劣势分析主要是着眼于企业自身的实力及其与竞争对手的比较，而机会和威胁分析将注意力放在外部环境的变化及对企业的可能影响上。在分析时，应把所有的内部因素（即优劣势）集中在一起，然后用外部的力量来对这些因素进行评估。

1. 机会与威胁分析（OT）

随着经济、社会、科技等诸多方面的迅速发展，特别是世界经济全球化、一体化过程的加快，全球信息网络的建立和消费需求的多样化，企业所处的环境更为开放和动荡。这种变化几乎对所有企业都产生了深刻的影响。正因为如此，环境分析成为一种日益重要的企业职能。

环境发展趋势分为两大类，一类表示环境威胁，另一类表示环境机会。环境威胁指的是环境中一种不利的发展趋势所形成的挑战，如果不采取果断的战略行为，这种不利趋势将导致公司的竞争地位受到削弱。环境机会是对公司行为富有吸引力的领域，在这一领域中，该公司将拥有竞争优势。

对环境的分析也可以有不同的角度。比如，一种简明扼要的方法就是 PEST 分析，另外一种比较常见的方法就是波特的五力分析。

2. 优势与劣势分析（SW）

识别环境中有吸引力的机会是一回事，拥有在机会中成功所必需的竞争能力是另一回事。每个企业都要定期检查自己的优势与劣势，这可通过"企业经营管理检核表"的方式进行。企业或企业外的咨询机构都可利用这一格式检查企业的营销、财务、制造和组织能力。每一要素都要按照特强、稍强、中等、稍弱或特弱划分等级。

当两个企业处在同一市场或者说它们都有能力向同一顾客群体提供产品和服务时，如果其中一个企业有更高的赢利率或赢利潜力，那么，我们就认为这个企业比另外一个企业更具有竞争优势。换句话说，所谓竞争优势是指一个企业超越其竞争对手的能力，这种能力有助于实现企业的主要目标——赢利。但值得注意的是，竞争优势并不一定完全体现在较高的赢利率上，因为有时企业更希望增加市场份额，或者多奖励管理人员或雇员。

竞争优势可以指消费者眼中一个企业或它的产品有别于其竞争对手的任何优越的东西，

它可以是产品线的宽度、产品的大小、质量、可靠性、适用性、风格和形象以及及时的服务、热情的态度等。虽然竞争优势实际上指的是一个企业比其竞争对手有较强的综合优势,但是明确企业究竟在哪一个方面具有优势更有意义,因为只有这样才可以扬长避短,或者以实击虚。

由于企业是一个整体,并且由于竞争优势来源的广泛性,所以,在做优劣势分析时必须从整个价值链的每个环节上将企业与竞争对手做详细的对比。如产品是否新颖、制造工艺是否复杂、销售渠道是否畅通,以及价格是否具有竞争性等。如果一个企业在某一方面或几个方面的优势正是该行业企业应具备的关键成功要素,那么,该企业的综合竞争优势也许就强一些。需要指出的是,衡量一个企业及其产品是否具有竞争优势,只能站在现有潜在用户的角度上,而不是站在企业的角度上。

企业在维持竞争优势过程中,必须深刻认识自身的资源和能力,采取适当的措施。因为一个企业一旦在某一方面具有了竞争优势,势必会吸引到竞争对手的注意。一般来说,企业经过一段时期的努力,建立起某种竞争优势。然后就处于维持这种竞争优势的态势,竞争对手开始逐渐做出反应。而后,如果竞争对手直接进攻企业的优势所在,或采取其他更为有力的策略,就会使这种优势受到削弱。

3. 影响企业竞争优势的持续时间的三个关键因素
(1)企业建立这种优势要多长时间?
(2)能够获得的优势有多大?
(3)竞争对手做出有力反应需要多长时间?
如果企业分析清楚了这三个因素,就会明确自己在建立和维持竞争优势中的地位了。

显然,公司不应去纠正它的所有劣势,也不是对其优势不加利用。主要的问题是公司应研究它究竟是只局限在已拥有优势的机会中,还是去获取和发展一些优势以找到更好的机会。有时,企业发展慢并非因为其各部门缺乏优势,而是因为它们不能很好地协调配合。例如,有一家大电子公司,工程师们轻视销售员,视其为"不懂技术的工程师";而推销人员则瞧不起服务部门的人员,视其为"不会做生意的推销员"。因此,评估内部各部门的工作关系作为一项内部审计工作是非常重要的。

波士顿咨询公司提出,能获胜的公司是取得公司内部优势的企业,而不仅仅是抓住公司核心能力。每一家公司必须管好某些基本程序,如新产品开发、原材料采购、对订单的销售引导、对客户订单的现金实现、顾客问题的解决时间等。每一程序都创造价值并需要内部部门协同工作。虽然每一部门都可以拥有一个核心能力,但如何管理这些优势能力开发仍是一个挑战。

(二)SWOT 分析步骤
(1)确认当前的战略是什么。
(2)确认企业外部环境的变化(波特五力或者 PEST)。
(3)根据企业资源组合情况,确认企业的关键能力和关键限制。
(4)按照通用矩阵或类似的方式打分评价。

把识别出的所有优势分成两组,分的时候要考虑它们是与行业中潜在的机会有关,还是与潜在的威胁有关。用同样的办法把所有的劣势分成两组,一组与机会有关,另一组与威胁有关。

(5) 将结果在 SWOT 分析图上定位，如图 6-1 所示。

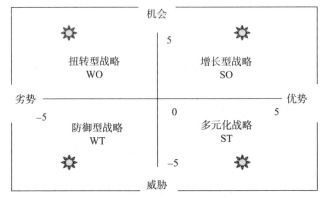

图 6-1　SWOT 模型分析图

增长型战略即优势—机会（SO 战略）是一种发挥企业内部优势而利用企业外部机会的战略。所有的企业都希望处于这样一种状况：可以利用自己的内部优势去抓住和利用外部事件变化中所提供的机会。

扭转型战略即劣势—机会（WO 战略）的目标是通过利用外部机会来弥补内部劣势。适用于这一战略的基本情况是，存在一些外部机会，但其与一些内部的劣势妨碍着它利用这些外部机会。例如，联想资讯服务要提供财经、教育服务，但是联想自身没有优势，于是利用赢时通、新东方和北大附中的资源，采用资本运作手段，从而弥补了自己的劣势。

防御型战略即劣势—威胁（WT 战略）是一种旨在减少内部劣势，同时回避外部环境威胁的防御性技术。一个面对大量外部威胁和具有众多内部劣势的企业的确处于不安全和不确定的境地。实际上，这样的公司正面临着被并购、收缩、宣告破产或结业清算，因而不得不为自己的生存而奋斗。

多元化战略即优势—威胁（ST 战略）是利用本企业的优势回避或减轻外部威胁的影响。这并不意味着一个很有优势的企业在前进中总要遇到威胁。一个采用 ST 战略的案例是，美国德州仪器公司靠一个出色的法律顾问部门（一种优势）挽回了由于九家日本及韩国公司分割本公司半导体芯体专利权（威胁）而造成的近 7 亿美元的损失。在很多产业中，竞争公司模仿本公司计划、创新及专利产品构成对企业的一种巨大威胁。

（三）应用举例

如图 6-2 所示，企业高层管理人员根据企业的使命和目标，通过 SWOT 法分析企业经营的外部环境，确定存在的机会（可能在亚洲和国内有较高的市场份额，P3 产品将实现较大的销售额）和威胁（由于还款，可能造成现金断流，选择订单时应注意账期）；评估自身的内部条件，认清企业的优势（产品品种多、市场范围广、生产能力强）和劣势（努力提高员工素质，在市场预测与产能计算上加大力度）。在此基础上，企业要制定用以完成使命、达到目标的战略，即进行战略选择，实施战略计划。

图 6-2 SWOT 分析实例

二、竞争者分析

(一) 竞争者分析的含义

竞争者分析是指企业通过某种分析方法识别出竞争对手,并对它们的目标、资源、市场力量和当前战略等要素进行评价。其目的是为了准确判断竞争对手的战略定位和发展方向,并在此基础上预测竞争对手未来的战略,准确评价竞争对手对本组织的战略行为的反应,估计竞争对手在实现可持续竞争优势方面的能力。对竞争对手进行分析是确定组织在行业中战略地位的重要方法。

(二) 竞争者分析的内容和步骤

竞争者分析一般包括以下五项内容和步骤。
(1) 识别企业的竞争者。识别企业竞争者必须从市场和行业两个方面分析;
(2) 识别竞争者对手的策略;
(3) 判断竞争者目标;
(4) 评估竞争者的优势和劣势。

(三) 竞争对手类型

企业参与市场竞争,不仅要了解谁是自己的顾客,而且还要弄清谁是自己的竞争对手。从表面上看,识别竞争者是一项非常简单的工作,但是,由于需求的复杂性、层次性、易变性,技术的快速发展和演进、产业的发展使得市场竞争中的企业面临复杂的竞争形势。一个企业可能会被新出现的竞争对手打败,或者由于新技术的出现和需求的变化而被淘汰。企业必须密切关注竞争环境的变化,了解自己的竞争地位及彼此的优劣势,只有知己知彼,方能百战不殆。我们可以从不同的角度来划分竞争者的类型,但这里只对现有直接竞争对手及新的和潜在的竞争者这种主流的分类方式做出详细介绍。

1. 现有直接竞争对手

客户应该密切关注主要的直接竞争对手,尤其是那些与自己同速增长或比自己增长快的竞争对手,必须注意发现任何竞争优势的来源。一些竞争对手可能不是在每个细分市场都出现,而是出现在某特定的市场中。因此不同竞争对手需要进行不同深度水平的分析,对那些已经或有能力对公司的核心业务产生重要影响的竞争对手尤其要密切注意。

2. 新的和潜在的竞争者

现有直接竞争对手可能会因打破现有市场结构而损失惨重,因此主要的竞争威胁不一定来自它们,而可能来自于新的潜在的竞争对手。新的竞争对手包括以下几种:

(1) 进入壁垒低的企业;
(2) 有明显经验效应或协同性收益的企业;
(3) 前向一体化或后向一体化企业;
(4) 非相关产品收购者,进入将给其带来财务上的协同效应;
(5) 具有潜在技术竞争优势的企业。

(四) 竞争者的优劣势分析

在市场竞争中,企业需要分析竞争者的优势与劣势,做到知己知彼,才能有针对性地制定正确的市场竞争战略,以避其锋芒、攻其弱点、出其不意,利用竞争者的劣势来争取市场竞争的优势,从而实行企业营销目标。竞争者优劣势分析的内容主要如下:

(1) 产品:竞争企业产品在市场上的地位、产品的适销性以及产品系列的宽度与深度。
(2) 销售渠道:竞争企业销售渠道的广度与深度、销售渠道的效率与实力和销售渠道的服务能力。
(3) 价格与促销:竞争企业的定价、广告和促销的战略。
(4) 生产与经营:竞争企业的生产规模与生产成本水平、设施与设备的技术先进性与灵活性、专利与专有技术、生产能力的扩展、质量控制与成本控制、区位优势、员工状况、原材料的来源与成本和纵向整合程度。
(5) 研发能力:竞争企业在市场调研与新产品开发的能力、研究与开发人员的创造性、可靠性、简化能力等方面的素质与技能。
(6) 资金实力:竞争企业的资金结构、筹资能力、现金流量、资信度、财务比率和财务管理能力。
(7) 组织:竞争企业组织成员价值观的一致性与目标的明确性、组织结构与企业策略的一致性、组织结构与信息传递的有效性、组织对环境因素变化的适应性与反应程度和组织成员的素质。
(8) 管理能力:竞争企业管理者的领导素质与激励能力、协调能力,管理者的专业知识和管理决策的灵活性、适应性、前瞻性。

(五) 应用举例

第三年年末,通过间谍软件我们发现6组中除我们外,有4组P1、P2已研发成功,1组已研发P3成功,3组开始研发P3;3组同时开发了区域、国内、亚洲和国际市场,1组开发了区域、国内和亚洲市场,1组开发了区域、国内和国际市场;5组同时进行了ISO9000和ISO14000认证的研发;其余5个组的生产线普遍拥有3~4条生产线,以自动线和柔性生产线为主;资金借贷正常;由此可知,前三年加上我们有5组是走的P1、P2战略,1组走的是P1、P3战略;后三年预计至少有4组要以P3产品为主打,产能普遍偏大,产品P3的市场竞争普遍激烈。为了抢夺大单,预计各小组会加大后续年份P3的广告投入。根据前三年竞单的经验,如想抢到大单,第四年广告投入预计增至21M以上。而我们虽同时开发了5

大市场和两大 ISO 论证，拥有 P1、P2 产品，两条用于生产 P1 产品的自动线，一条生产 P2 产品的自动线，一条柔性线。权益较高，但负债也不少，故能用于下年广告投入的现金不够充裕。如若开发 P3，则不能在 P3 市场上取得绝对优势。基于以上情况，我们决定放弃 P3 的开发计划，开发 P4，通过差异化取得竞争的优势。

三、典型企业竞争战略

如何在竞争中求发展，是每个企业都在思考的问题。根据迈克尔·波特教授的竞争战略理论，企业的利润将取决于同行业之间的竞争、行业与替代行业的竞争、供应方与客户的讨价还价及潜在竞争者共同作用的结果。

竞争战略是指在一个企业在统一使用价值的竞争上采取进攻或防守行为。流行的策略是大量投放广告，但是在打击对方的同时也损害了自己，形成了负效应，并陷入恶性循环。正确的竞争战略为：总成本领先战略、差异化战略、集中化战略。在开始经营之前需要制定企业竞争战略，方能使你的团队在变化莫测的比赛中走到最终。下面介绍三种典型的企业竞争战略及案例。

（一）总成本领先战略

总成本领先战略（overall cost leadership）是指尽最大努力降低成本，通过低成本降低商品价格，维持竞争优势。做到成本领先，就必须在管理方面对成本严格控制，尽可能降低费用，处于低成本地位的公司可以获得高于产业平均水平的利润。与竞争对手进行竞争时，由于成本低，在对手已没有利润可图时，自己还可以获得利润。哪家公司主动，哪家公司就是胜利者。

例如：A 组拟采用总成本领先战略，具体采取"P1 + P2 + P3"产品组合策略。分析整个沙盘模拟竞争过程，P1、P2、P3 产品的需求高峰期不同。基于这一点考虑，A 组决定采取总成本领先战略。在第一年研发 P1 和 P2，第二年第四季度开始研发 P3，以 P1 产品为主力产品，在租用的大厂房里逐步建成两条 P1 的全自动生产线和两条生产 P2 产品全自动线，两年期间完成较高销售量。在第三、四年以 P2 为主力产品，P1 为辅，两年期间完成一定的销售量。第三年再建两条生产 P3 的产品的生产线，到第四年开始投产 P3 产品，形成 P1、P2、P3 产品组合。第五、六年以 P3 产品为主力产品，P1、P2 为辅，第五年租用小厂房，逐渐建成两条 P3 产品的生产线，两年期间完成一定的销售量。第六年年初，再利用空闲资金把大小厂房都买下。最终，A 组实现总成本领先战略目标，完成模拟经营。

这种竞争战略即 P1、P2 产品的低成本和 P3 产品的高成本进行组合，先以 P1、P2 的产品组合保证企业的经营，再开发高端的 P3 产品，实现利润最大化，同时，P2 和 P3 产品研发费用分摊到各年，有效降低了企业每年的研发费用。但是采用这种战略的风险在于 P1 和 P2 的盈利能力，由于前几年的 P1、P2 市场广告竞争激烈，一旦订单差强人意，造成企业盈利不足，那在失去抢占 P3 市场先机的情况下，按原计划研发 P3 就显得非常困难。

（二）差异化战略

差异化战略又称别具一格战略（differentiation），是指公司提供的产品或服务别具一格或功能多，或款式新，或更加美观。如果差异化战略可以实现，它就成为在行业中赢得超常收益的可行战略，因为它能建立起对付五种竞争作用力的防御地位，利用客户对品牌的忠诚而处于竞争优势。

例如：B 组拟采用差异化战略，具体采取"P1 + P2 + P4"产品组合策略。

分析整个沙盘模拟竞争过程，P1、P2、P3 产品在不同时期的竞争都非常激烈。但一般而言，各公司不会进入 P4 产品市场。基于这一点考虑，B 组决定采取差异化战略，在前期避开激烈的竞争，走一条与其他公司一般发展过程完全不同的路。在第一年第一季度同时研发 P1 和 P2 产品，在租用的大厂房里逐步建成两条 P1 的全自动生产线和两条生产 P2 产品全自动线，从第三年第三季度开始研发 P4，在第四年第一季度开始在大厂房里新建两条生产 P4 产品的全自动生产线，第三季度再在小厂房开建一条 P4 产品全自动生产线。第五年第一季度开始投产 P4，逐渐满足市场对 P4 的需求。在第五年继续新建一条 P4 产品生产线。广告上力争以最低的投入获得最大的回报。最终，B 组实现差异化战略目标，用三年的时间实现了大逆转，赢得胜利。

这种战略是一种差异化战略，由于其他的竞争对手逐渐把广告投放的重点转移到 P2 和 P3 产品上，所以企业在整个经营过程中能以最低的广告投入获得比较满意的订单。由于各个企业的产品组合和产能的差异性，P1 和 P2 产品的竞争程度也会发生不均衡，所以同时把 P1 和 P2 产品列为组合，能有效降低单靠 P1 和 P2 产品利润来开发 P4 产品所带来的风险。但是这个战略也不是无往不胜的，这个战略的风险主要体现在第四年。第四年既要研发 P4 也要新建 P4 的生产线，所需资金很大。而且 P4 产品研发大大削减了企业的权益的增长，而 P1 和 P2 产品又被多数企业列入产品组合，如果 P1 和 P2 产品不能有效排除激烈竞争拿到好单的话，那么单靠 P1 和 P2 的低利润来开发 P4 产品就很难实现。如果市场上还有其他竞争对手也生产 P4 的话，企业破产的可能性就比较大。

（三）集中化战略

集中化战略又称目标集中战略、目标聚集战略或专一化战略（focus），是指主攻某个特定的客户群、某产品系列的一个细分区段或某一个地区市场。其前提是公司能够以更高的效率、更好的效果为某一狭窄的战略对象服务，从而超过竞争对手。该战略具有超过行业平均水平收益的潜力。

例如：C 组采取集中化战略，具体采取"P2 + P3"产品组合策略。

分析整个沙盘模拟竞争过程，P1、P2、P3 产品在不同时期的竞争都非常激烈，但不同时期的市场需求及利润率各不相同。同一场沙盘竞赛中，在竞争对手实力均衡的情况下，C 组决定采取集中化战略，选定产品组合，确定相应的目标市场，有针对性地实施经营。

第一年，在本地市场投放较大广告，成了市场老大，尽早地确立了自己的市场领导地位。由于本地市场是综合需求量最大的一个市场，于是 C 公司在随后的发展过程中，在第一年第一季度同时开发了 P2、P3 产品，在大厂房里新置了四条全自动生产线，两条生产 P2，两条生产 P3。从第二年开始，形成 P2 和 P3 产品为主的集中化组合。随后的经营过程中，根据实际情况逐步建设 P2 和 P3 的产品生产线，最后达到八条 P2、P3 产品全自动线的生产规模。市场开发过程中跳过区域市场，又开发了国内市场和亚洲市场，实现了产能与市场之间的平衡，持续稳健发展。在企业融资和广告费等方面节约了大量的成本，健康发展到第六年，完成了竞争过程。

这种战略首先抢占了 P2、P3 产品的市场，成为市场的老大，在其余对手还没有研发 P3 和全力生产 P2 时，就抢先生产 P2 和 P3 产品。如果第二年研发 P2、P3 产品的对手大部分生产 P2 或 P3，第二年或第三年就能以较少的广告费投放获得较多的该产品订单。但是这种战略也不是没有任何风险，采用这种战略最大的风险就是资金风险。第一年同时研发 P2、P3 产品，而且要开四条全自动生产线，不仅要耗费大量资金，而且也会使权益下降得非常厉害。如果第三年产生一点失误，没有抢到足够的单的话，那么就可能破产。此外，如果对手也是这种策略，那破产的风险就更加大了。

第二节　市场需求预测与分析

一、市场需求的分析

在 ERP 沙盘模拟训练中，每个组都是在同一行业中生产 P 系列的产品。教材附表给出了 P 系列产品未来发展的市场预测图，市场预测是各企业能够得到关于产品市场需求预测的唯一可以参考的有价值的信息，对市场预测的分析与企业的营销方案策略息息相关。在市场预测中发布了近几年关于行业产品市场的预测资料，包括各市场、各产品的总需求量、价格、客户关于技术及产品质量要求等。在市场预测中，我们用直方图表示产品的需求数量，用折线图表示产品的预期价格，还用文字形式加以说明，其中尤其要注意客户关于技术及产品质量要求等细节。对于市场预测图的详细分析，本书不便给出，因为市场预测需要各组学生认真研读，依据各组学生的理解力和分析力做出不同的分析结果，进而做出不同的决策与战略。所以，本书只对市场需求的分析给出一些方法和建议。

通过研读市场预测图做好市场趋势的判断。在 ERP 沙盘中市场趋势分为区域性趋势和时间性趋势。区域性趋势是指 5 个市场（本地、区域、国内、亚洲和国际）的需求量、价格及毛利的变化；时间性趋势是指第一年到第六年每种产品需求数量、价格和毛利的变化。在分析中我们可以固定一个量，再对比这个量上其他的变化。比如，我们固定区域这个变量，选定本地市场为基点，比较各产品在本地市场 1～6 年内的需求、价格及毛利的变化。无论是区域性还是时间性，我们发现每种产品的价格和需求数量都有一个最高值和最低值。所以在制定战略的时候，就要考虑开发哪些市场（根据自己产能大小）、什么时候开发（根据企业总体的战略和资金情况）、选择哪个市场作为自己的细分市场（是不是占据了有利的地位）、市场的主力产品是哪种（根据该产品在该市场的需求数量和毛利确定）。当然这其中还要视竞争对手的情况而定，充分估计竞争对手可能进入的市场，尽量避开竞争激烈的市场。

例如，通过认真研读市场预测图，我们分析发现 P1 产品由于技术水平低，虽然近几年需求较旺但未来需求将会逐渐下降；P2 产品是 P1 的升级版，前两年增长比较迅速，其后需求区域平稳；P3、P4 为全新产品，发展潜力很大。在顾客需求市场，本地市场需求将持续保持旺盛，但未来区域、国内、亚洲市场也将有很大的需求增长量。在四年之后，国际市场的需求也很诱人。所以企业如果要扩张，开拓其他市场刻不容缓。目前在整个行业中，可以生产相同产品的企业还有五家，这五家的实力与我们不相上下，企业未来的生存与发展，竞争将十分激烈。

二、广告的投放与分析

广告投入产出分析是评价广告投入收益率的指标，其计算公式为

广告投入产出比 = 订单销售总额/广告投入

广告投入产出分析用来比较各企业在广告投入上的差异。这个指标告诉经营者：本公司与竞争对手之间在广告投入策略上的差距，以警示营销总监深入分析市场和竞争对手，寻求节约成本、策略取胜的突破口。

例如：表6-1所示，A、B组广告登记单数据如下：

表6-1　A、B组广告登记单

产品	第三年-A组（本地）			第三年A组-（区域）			第三年-A组（国内）			小计	销售数量	订单总额
	广告	9K	14K	广告	9K	14K	广告	9K	14K			
P1												
P2	4			0			2			6	5	44
P3			1				3			5	12	88
P4												
合计										11		132

产品	第三年-B组（本地）			第三年B组-（区域）			第三年-B组（区域）			小计	销售数量	订单总额
	广告	9K	14K	广告	9K	14K	广告	9K	14K			
P1				4						4	6	26
P2	3			5			4			12	12	79
P3												
P4												
合计										16	18	105

数据来源：2009年用友国赛

可以看出，A、B两组的广告投入产出比分别如下：

A组：广告总投入产出比 = 订单销售总额/广告投入 = 132/11 = 12

P2：广告投入产出比 = 订单销售总额/广告投入 = 44/6 = 7.3

P3：广告投入产出比 = 订单销售总额/广告投入 = 88/5 = 17.6

B组：广告总投入产出比 = 订单销售总额/广告投入 = 105/16 = 6.56

P1：广告投入产出比 = 订单销售总额/广告投入 = 26/4 = 6.5

P2：广告投入产出比 = 订单销售总额/广告投入 = 79/12 = 6.58

图6-3中比较了第四年A、B两组总广告投入产出比及当年各产品的广告投入产出比，从中可以看出A组用1M的广告投入可以为她带来12M的销售收入，B组用1M的广告投入可以为她带来6.58M的销售收入，所以A组广告投入产出胜过B组。通过相关数据分析原因，我们发现A组广告投入有侧重性，且有效避开了竞争较为激烈的产品市场，而B组打广告的失误是没有充分分析竞争对手，一味强调广告的投入，认为大广告一定能带来大订单和高利润而忽视了广告投入的度的把握。所以，B组应认真分析自己和A组在广告策略上的差距，不断提高自己广告策略制定方面的技巧。

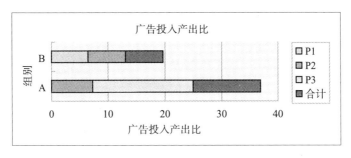

图 6-3　广告投入产出比分析实例

第三节　企业的财务分析

一、企业投融资分析

（一）资金管理——现金为王

资金是企业日常经营的"血液"，断流一天都不可。那是不是库存资金越多越好呢？错！如果资金够用，甚至可以说越少越好。那么资金多少才合适？一般而言，企业需从其生产经营现状及资金运用情况出发，根据其未来经营策略与发展需要经过科学的预测和决策，通过一定渠道，采用一定方式筹集所需资金。所以在ERP沙盘模拟中，首先要通过准确计算企业每个季度的资金缺口或资金剩余量，为筹资与投资做好准备。当出现资金缺口时，可以考虑融通资金以满足生产经营的需要；当出现资金剩余时，企业可以在现有规模下考虑投资开发新产品、开拓新市场、购置生产线、购置厂房。

为了更好地预算资金，先将可能涉及资金流入和流出的业务及来年可能发生额汇总成一张表，即现金预算表，见表6-2。

表6-2　现金预算表

期初库存现金				
支付上年应交税				
市场广告投入				
申请长贷				
贴现费用				
短贷利息				
支付到期短贷				
申请短贷				
原料采购支付现金				
购买新建筑				
生产线投资				
转产费用				

续表

工人工资				
产品研发投资				
收到现金前的所有支出				
应收款到期				
管理费用				
长贷利息				
支付到期长贷				
设备维护费				
厂房租金				
市场开拓				
ISO 认证				
其他				
库存现金余额				

通过表 6-2 不难发现，资金流入项目实在太有限，而其中对权益没有损伤的仅有"收到应收款"。而其他流入项目都对权益有负面影响。长短贷、贴现——增加财务费用；出售生产线——损失了部分净值；虽然出售厂房不影响权益，但是购置厂房的时候是一次性付款的，而出售后得到的只能是四起应收款，损失了一年的时间，如果贴现也需要付费。

在全面了解了资金流入和流出项目及流入项目的资金成本后，我们就要合理安排资金、降低资金成本，在不发生资金断流破产出局的前提下促使股东的权益最大化。那么究竟该如何合理安排资金、有效降低成本呢？

在 ERP 沙盘模拟过程中，首先要正确计算出企业本期资金的缺口，其次要合理规划好长短期贷款、贴现的比例及贷款的时间点，具体应用时可以做如下的考虑。

(1) 合理规划、谨慎经营、控制好权益的升降。在 ERP 沙盘模拟经营中，企业当年的贷款总额受到上年权益数额的限制，所以要贷款就要尽量把上年权益控制在企业维持当年经营或发展所需的贷款最低权限额内。例如，在生产经营的前三年中，由于投资数额巨大、市场份额相对较小，企业利润少，权益会呈现一种下降趋势。在融资过程中一定要对权益数额进行预测，以明确信贷数额，防止企业因资金链断裂而破产。

(2) 融资时要注意贷款的用途，注意长短贷结合。在 ERP 沙盘模拟中，短期资金的融资模式为短期贷款和应收款两种。短期融资由于偿贷期限短、偿债压力大，一般只能用于弥补流动资金的不足。长期贷款期限长、偿债压力小，用于弥补长期建设资金的不足。在具体使用时，如将短期资金用于生产线、研发等长期项目，企业将面临债务危机，甚至可能面临无法偿债而破产的风险。特别是生产经营的前几年，资金需求量大、企业利润小。在这种情况下，若项目投资超过长期贷款和自有资金，企业将面临破产的风险。因此，在项目开发上，企业要量入为出，以自有资金和长期贷款的规模来考虑进行生产线购置和研发投资，切不可盲目。

(3) 考虑贷款成本的问题，在流动资金不足时优先考虑进行资金短贷，然后贴现。具体而言就是应该注意短贷是一个季度有一次机会进行贷款。因此在进入下一季度生产经营前,应该认真核对资金缺口,如资金不足应及时进行贷款,然后再进入下一个季度生产经营。短贷以 20M 为单位来进行,贴现以 7M 为单位来进行,在资金缺口小而权益又在下年贷款所需权益最低限额之上时,可以考虑先贴现。

(4)在生产经营的第一和第二年应该多贷长贷,弥补建设资金的不足,以避免生产经营前三年由于权益下降而丧失长期贷款的机会。

(二)应用举例

表 6-3 所列为 D 组第一、二年的现金预算表数据。

表 6-3 D 组第一、二年的现金预算表

资金项目名称	第一年				第二年			
期初库存现金	80 M	33 M	56 M	38 M	15 M	92 M	85 M	52 M
支付上年应交税	0 M				0 M			
市场广告投入					-12 M			
申请长贷					100 M			
贴现费用								
短贷利息							-2 M	
支付到期短贷							-40 M	
申请短贷			40 M					
原料采购支付现金					-6 M	-3 M	-3 M	-6 M
购买新建筑	-40 M							
生产线投资	-5 M	-15 M	-15 M	-15 M				
转产费用								
工人工资					-3 M		-3 M	-3 M
产品研发投资	-1 M	-1 M	-2 M	-2 M	-1 M	-3 M	-1 M	-1 M
收到现金前的所有支出	-46 M	-16 M	-17 M	-17 M	-22 M	-6 M	-49 M	-10 M
应收款到期							17 M	
管理费用	-1 M	-1 M	-1 M	-1 M	-1 M	-1 M	-1 M	-1 M
长贷利息				0 M				
支付到期长贷				0 M				
设备维护费				0 M				-3 M
厂房租金				0 M				
市场开拓				-4 M				-2 M
ISO 认证				-1 M				-1 M
其他								
库存现金余额	33 M	56 M	38 M	15 M	92 M	85 M	52 M	35 M

数据来源于 ERP 沙盘模拟实训

从表 6-3 可知，D 组第一年年初不长贷，第三季度短贷 40 M，第二年年初长贷 100 M。在资金的利用方面，D 组的自用资金主要用于固定资产的在建工程，除用于新建生产线外，还购置了大厂房。由于大厂房购置需要在第三季度花去一半的自有资金，所以在后三季度中的生产线在建、产品研发和管理费用支付以及年末的市场开拓和 ISO 认证所形成的资金缺口，在没有到期应收款的情况下就需要借贷资金来解决。D 组采用第三季度短贷 40 M 来缓解资金的压力，虽然短贷较长贷而言利息较低，但是由于还贷时间短，所以在第二年第三季度资金压力大，为了应付第二年生产采购、产品研发、管理费用、第三季度还贷的需要及年末的设备维修费、市场开拓及 ISO 认证开发所形成的资金缺口，D 组决定在年初申请 100 M 的长贷把能贷的长贷都贷出来。结果每季都冗余过多资金，资金效益较低，而从第二年开始每年都必须支付 10 M 的高额利息直至第六年结束为止。由于前三年市场需求不大，开销又多，D 组的权益下降得很快，第二年权益只剩 45。而前两年贷款数额偏大，贷款以长贷为主，根据贷款规则，长贷和短贷的贷款额度之和是上年权益的三倍，新增贷款为贷款最大限额 - 已贷金额，第三年最多只能贷 20 M，如果第三年订单拿得不好，第三年的经营就会非常困难，甚至有资金断流破产的危险。综上所述，我们发现 D 组在 ERP 沙盘模拟中资金利用效益较低，造成这一结果的原因有二：一是融资时不注意资金用途，长短贷搭配比例失衡。D 组前期大量使用长贷，造成财务费用过高，从而大量侵蚀了企业的利润空间。而一次性短贷数额过大，造成短期资金压力过大。二是没有根据经营战略规划控制好贷款的时间点。由于第一年属于建设期，所以第一年年初就该进行长贷，再配合小额滚动短贷增加资金的流动、降低每年利息的偿还比例，有效控制当年权益的增减。而不是像 D 组这样无计划、无章法地贷款，致使第二年冗余资金过多、利息成本过高，权益下降。

二、企业盈利能力分析

（一）企业盈利能力的内涵

盈利能力通常是指企业在一定时期内赚取利润的能力。盈利能力的大小是一个相对的概念，即利润是相对于一定的资源投入、一定的收入而言。利润率越高，盈利能力越强；利润率越低，盈利能力越差。企业经营业绩的好坏，最终可通过企业的盈利能力来反映。无论是企业的经理人员、债权人，还是股东（投资人）都非常关心企业的盈利能力，并重视对利润率及其变动趋势的分析与预测。

（二）企业盈利能力分析的目的

从企业的角度来看，企业从事经营活动，其直接目的是最大限度地获取利润并维持企业持续稳定地经营和发展。持续稳定地经营和发展是获取利润的基础；而最大限度地获取利润又是企业持续稳定发展的目标和保证：只有在不断地获取利润的基础上，企业才可能发展；同样，盈利能力较强的企业比盈利能力软弱的企业具有更大的活力和更好的发展前景；因此，盈利能力是企业经营人员最重要的业绩衡量标准和发现问题、改进企业管理的突破口。对企业经理人员来说，进行企业盈利能力分析的目的具体表现在以下两个方面：

（1）利用盈利能力的有关指标反映和衡量企业经营业绩。企业经理人员的根本任务，就是通过自己的努力使企业赚取更多的利润。各项收益数据反映着企业的盈利能力，也表现了经理人员工作业绩的大小。用已达到的盈利能力指标与标准、基期、同行业平均水平、其他企业相比较，则可以衡量经理人员工作业绩的优劣。

（2）通过盈利能力分析发现经营管理中存在的问题。盈利能力是企业各环节经营活动的具体表现，企业经营的好坏都会通过盈利能力表现出来。通过对盈利能力的深入分析，可以发现经营管理中的重大问题，进而采取措施解决问题，提高企业收益水平。

对于债权人来讲，利润是企业偿债的重要来源，特别是对长期债务而言。盈利能力的强弱直接影响企业的偿债能力。企业举债时，债权人势必审查企业的偿债能力，而偿债能力的强弱最终取决于企业的盈利能力。因此，分析企业的盈利能力对债权人也是非常重要的。

对于股东（投资人）而言，企业盈利能力的强弱更是至关重要的。在市场经济下，股东往往会认为企业的盈利能力比财务状况、营运能力更重要。股东们的直接目的就是获得更多的利润，因为对于信用相同或相近的几个企业，人们总是将资金投向盈利能力强的企业；股东们关心企业赚取利润的多少并重视对利润率的分析，是因为他们的股息与企业的盈利能力是紧密相关的；此外，企业盈利能力增加还会使股票价格上升，从而使股东们获得资本收益。

（三）企业盈利能力的内容

盈利能力的分析是企业财务分析的重点，包括财务结构分析、偿债能力分析等。其根本目的是通过分析及时发现问题，改善企业财务结构，提高企业偿债能力、经营能力，最终提高企业的盈利能力，促进企业持续稳定地发展。对企业盈利能力的分析主要指对利润率的分析。因为尽管利润额的分析可以说明企业财务成果的增减变动状况及其原因，为改善企业经营管理指明了方向，但是，由于利润额受企业规模或投入总量的影响较大，一方面使不同规模的企业之间不便于对比，另一方面它也不能准确地反映企业的盈利能力和盈利水平。因此，仅进行利润额分析一般不能满足各方面对财务信息的要求，还必须对利润率进行分析。

利润率指标从不同角度或从不同的分析目的看，可有多种形式。在不同的所有制企业中，反映企业盈利能力的指标形式也不同。在这里，我们对企业盈利能力的分析将从以下几方面进行。

1. 与投资有关的盈利能力分析

与投资有关的盈利能力分析主要是指对总资产报酬率、净资产收益率指标进行分析与评价。

2. 与销售有关的盈利能力分析

商品经营盈利能力分析即利用损益表资料进行利润率分析，包括收入利润率分析和成本利润率分析两方面内容。而为了搞好利润率因素分析，有必要对销售利润进行因素分析。

3. 上市公司盈利能力分析

上市公司盈利能力分析即对每股收益指标、普通股权益报酬率指标、股利发放率指标以及价格与收益比率指标进行分析。

三、利润的来源与增长

（一）利润的来源

从财务上看，盈利就是使资产获得超过其投资的回报。在市场经济中，没有"免费的午餐",资金的每项来源都有其成本。每项资产都是投资,都应当是生产性的,要从中获利回报。例如,各项固定资产要充分利用于生产,要避免存货积压,尽快收回应收账款,利用暂时闲置的现金等。财务主管人员务必使企业正常经营产生和外部获得的资金能以产出最大的形式加以利用。因此,企业经营的实质就是企业合理、有效地使用资金和资源,通过向社会提供产品和服务,获取利润。

如图6-4所示,企业经营之初,要筹集资本,也就是图中的右边部分。资本的构成有两个来源:一是负债,包括长期负债和短期负债。长期负债一般是指企业从银行获得的长期贷款,短期负债一般是指企业从银行获得的短期贷款。二是权益,一般是指企业创建之初,所有股东的集资,以后也代表股东投资。图中中间部分代表资产的构成。在企业筹集资本之后,进行采购厂房和设备、引进生产线、购买原材料、生产加工产品等活动,余下的资本就是企业的流动资金了。换言之,企业的资产就是资本转化而来的,而且是等值转化。所以在财务的资产负债表中右边与左边一定是相等的,即负债+所有者权益=资产。

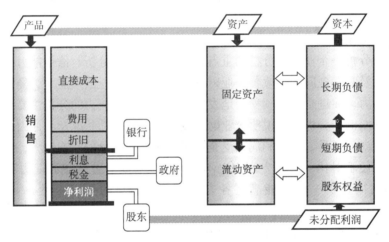

图6-4 企业经营的本质

企业通过运作资产包括生产产品、组织销售、拿到销售收入等活动,来为股东产生收益。利润来自销售,但销售额不全都是利润。我们在收到销售回款之前,必须要采购原材料、支付工人工资,还有其他生产加工时必需的费用,最终生产出产品。当产品卖掉、拿回销售款时,收入要抵扣掉这些直接成本。除此之外,收入中还要抵扣掉企业为形成这些销售支付的各种费用,包括产品研发费用、市场开拓费用、设备维修费用等。这些费用也是在收到收入之前已经支付的。此外,设备在生产运作后一定会贬值,资产缩水了,与资本转换成资产的价值产生了差额,这部分损失应当从销售收入中得到补偿,也就是销售额中应当抵扣的折旧部分。经过三个方面的抵扣之后,剩下部分才是利润。资本中有很大一块来自银行的贷款,企业在很大程度上靠银行的资金产生利润。而银行之所以贷款给企业,当然也需要收取利息回报,所以利润中需要划拨给银行一部分。企业在运营之中,离不开国家的投入。比如道路交通,企业要使用国家投资建设的城市道路,而道路的修建和维护都是由国家投资去做的,作为享受者,企业盈利后,给国家纳税也是天经地义的。最后的净利润,才是股东的。

(二) 利润的增长

股东创办企业的目的就是扩大财富，作为企业的所有者，企业价值的最大化就是股东财富最大化。要使股东权益最大化，应该做到开源节流。

首先，何谓开源？开源就是要增加销售额，销售额增加了，利润才可能有较大的增加，如图6-5所示。销售额增加的直接方法就是多卖产品，要多卖产品我们可以从以下三个方面着手。一是通过扩大市场范围、合理的广告投入和产品品牌认证增加产品抢单的机会；二是通过研究竞争对手并结合自身经营的实际情况，针对性地研制新的产品增加自身产品品种；三是通过改进生产装置、增加新生产线及对生产线和产品的合理搭配来扩大产能为下期竞单过程中拿大单做好准备。比如，目前我们在本地市场上卖P1产品，销售渠道少，竞争对手多，而P2、P3、P4在后几年不同的市场上都有较大的需求，价格也高。所以要想开源就必须开拓新的市场、研发新的产品。根据对手的分析发现，保守者居多，对手大多采用P1、P2、P3的战略，在第一年开发P2第四年或第五年完成P3的开发。所以，针对这一情况，我们选择提前开发P3的策略避开对手的竞争。除此之外，目前我们的三条手工生产线、一条半自动线，已远不能满足多生产产品的需求，所以必须提高产能。

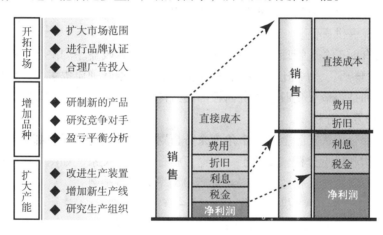

图6-5 开源

其次，增加利润不能只考虑扩大销售，如果不能控制成本，利润的增加同样是非常有限的。要做到有效节流，就要对企业进行全面成本预算，如图6-6所示。具体而言，节流主

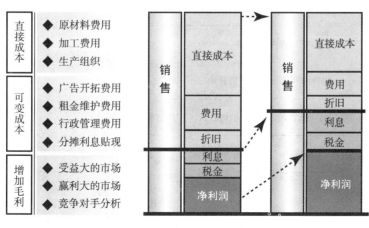

图6-6 节流

要可以从以下两个方面着手。一是增加毛利,企业经营伊始首先要通过市场需求和竞争对手的分析情况进行合理的市场细分和定位,选择符合自身实际的收益大的市场和盈利大的产品进行开发;二是成本控制,在企业成本构成中,直接成本可以压缩的空间很小,成本控制的主要渠道是通过合理规划广告的投入和企业的借贷比例来提高广告的收益、降低资金的成本。

四、杜邦分析

杜邦分析法(DuPont Analysis)是利用几种主要的财务比率之间的关系来综合地分析企业的财务状况。具体来说,它是一种用来评价公司盈利能力和股东权益剩下的部分也就是回报水平,从财务角度评价企业绩效的一种经典方法。其基本思想是将企业净资产收益率逐级分解为多项财务比率乘积,这样有助于深入分析比较企业经营业绩。由于这种分析方法最早由美国杜邦公司使用,故名杜邦分析法。

(一)杜邦模型简介

杜邦模型最显著的特点是将若干个用以评价企业经营效率和财务状况的比率按其内在联系有机地结合起来,形成一个完整的指标体系,并最终通过权益收益率来综合反映。采用这一方法,可使财务比率分析的层次更清晰、条理更突出,为报表分析者全面仔细地了解企业的经营和盈利状况提供方便。

杜邦分析法有助于企业管理层更加清晰地看到权益资本收益率的决定因素,以及销售净利润率与总资产周转率、债务比率之间的相互关联关系,给管理层提供了一张明晰的考察公司资产管理效率和是否最大化股东投资回报的路线图。

(二)对杜邦图的分析

可以看出杜邦分析法实际上从两个角度来分析财务。一是进行了内部管理因素分析;二是进行了资本结构和风险分析。反映了一些财务指标之间的关系,如图6-7所示。

$$权益净利率 = 资产净利率 \times 权益乘数$$

$$权益乘数 = 1/(1-资产负债率)$$

$$资产净利率 = 销售净利率 \times 资产周转率$$

$$销售净利率 = 净利润/销售收入$$

$$资产周转率 = 销售收入/资产总额$$

$$资产负债率 = 负债总额/资产总额$$

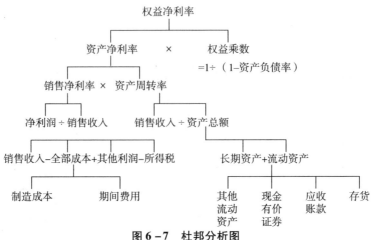

图6-7 杜邦分析图

权益净利率即净资产收益率是整个分析系统的起点和核心。该指标的高低反映了所有者投入资本的获利能力的大小。同时反映企业筹资、投资资产运营活动的效率高低。决定权益净利率的因素有三个方面——销售净利率、资产周转率和权益乘数。这三个比率分别反映了企业的盈利能力比率、资产管理比率与企业的负债比率。

权益系数表明了企业的负债程度。该指标越大,说明企业的负债程度越高。企业资产总额中大部分是通过负债形成,给企业带来较多的杠杆利益,同时也给企业带来了较多的风险。而这个指标低,说明企业财务政策比较稳健、较少负债、风险较小,但获得超额收益的机会也不会很多。

总资产收益率是一个重要的财务比率,它是销售净利率和总资产周转率的乘积,因此要进一步从销售成果和资产营运两个方面来分析。

销售净利率反映了企业利润总额与销售收入的关系,从这个意义上看,提高销售净利率是提高企业盈利能力的关键所在。提高销售净利率有两种方式,一是扩大销售收入,二是降低成本费用。而降低各项成本费用开支是企业财务管理的一项重要内容。通过各项成本费用开支的列示,有利于企业进行成本费用分析、加强成本控制,以便为寻求降低成本费用的途径提供依据。

企业营运能力,既关系到企业的获利能力,又关系到企业的偿债能力。一般而言,流动资产直接体现企业的偿债能力和变现能力,非流动资产体现企业的经营规模和发展潜力。两者之间应有一个合理的结构比率,如果企业持有现金超过业务需要,就有可能影响企业的获利能力;如果企业占有过多的存货和应收款,既要影响获利能力又要影响偿债能力。为此,就要进一步分析各项资产的占有数额和周转速度。对流动资产应重点分析存货是否有积压现象、货币现金是否限制,应收账款中分析客户的付款能力和有无坏账的可能,对于非流动资产应重点分析企业固定资产是否得到充分的利用。

(三) 应用实例

杜邦分析法可以解释指标变动的原因和变动的趋势,并为采取措施指明方向。下面以用友沙盘模拟的两个学生小组的第四年财务报表为例,说明杜邦分析法的运用。

表 6-4 (a) 资产负债表

项目	第三年	第四年	项目	第三年	第四年
现金	43	8	长期负债	70	90
应收款	53	93	短期负债	80	80
在制品	12	18	所得税	0	1
产成品	5	0	—	—	—
原料	0	0	—	—	—
流动资产合计	113	119	负债合计	150	171
厂房	0	0	股东资本	65	65
机器设备	64	78	利润留存	-13	-8
在建工程	30	45	年度净利	5	14
固定资产合计	94	123	所有者权益合计	57	71
资产总计	207	242	负债和所有者权益总计	207	242

表6-4（b） 综合费用表

项目	本年/百万	
	第三年	第四年
管理费	4	4
广告费	11	18
设备维护费	8	12
损失	0	0
转产费	0	0
厂房租金	8	8
新市场开拓	2	1
ISO 资格认证	3	2
产品研发	0	0
信息费	0	0
合计	36	45

表6-4（c） 利润表

项目	本年/百万	
	第三年	第四年
销售收入	132	204
直接成本	63	107
毛利	69	97
综合费用	36	45
折旧前利润	33	52
折旧	16	16
支付利息前利润	17	36
财务费用	12	21
税前利润	5	15
所得税	0	1
年度净利润	5	14

数据来源：2009年用友国赛

根据 U01 和 U02 两小组的基本财务数据计算得出两小组第四年财务比率见表6-5。

表6-5 财务比率表

项目/年	第三年	第四年
权益净利率	0.09	0.20
权益乘数	3.63	3.41
资产负债率	0.72	0.71
资产净利率	0.02	0.06
销售净利率	0.04	0.07
总资产周转率	0.64	0.84

数据来源：2009年用友国赛

如表6-5所示，该小组的权益净利率在第四年间出现了较大程度的好转，从第三年的0.09增至0.20。究其原因我们发现该公司权益净利率的变动在于资本结构（权益乘数）变动和资产利用效果（资产净利率）变动两方面共同作用的结果。经分解我们发现，权益净利率的改变是由于资本结构的改变（权益乘数下降），同时资产利用和成本控制出现变动（资产净利率的大幅度的提高）。那么，继续对资产净利率进行分解，我们发现第四年资产周转率有所提高，说明资产的利用得到了较好的控制，显示出比前一年较好的效果，表明该小组利用其总资产产生销售收入的效率在增加。资产周转率的提高同时放大了销售净利率的增加效果。接着对销售净利率进行分解，经过分析发现，该小组在第四年大幅度地提高了销售收入，净利润将近翻了两番，分析其原因是虽成本费用增多，但销售收入的增加幅度大于成本的增加。如图6-8所示，通过成本分解我们发现，随着销售收入的增加，经营费用、折旧及管理费用的摊销比例都出现了明显的下降，成本费用的提高大多来源于直接成本和财务费用的增加。第四年经营过程中，虽利润较好，但毛利不理想，这说明小组在对市场的研究上还不够透彻，资金的把控能力还有待加强。

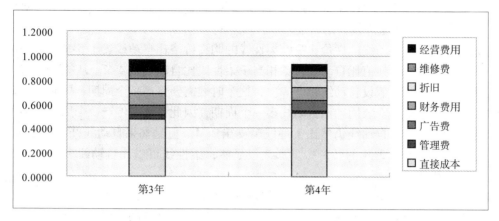

图6-8 年度成本汇总图("第3年""第4年"改为"第三年""第四年")

备注:
(1)经营费用=综合费用-管理费-广告费-维修费。
(2)纵轴上1代表当年销售额,各方块表示各类成本分摊比例。如当年各方块累加高度超过1,表示亏损,否则就盈利。

在本例中,导致权益利润率增大的主要原因是销售收入的大幅增加和成本费用的有效控制,也正是因为销售收入的大幅增加和成本费用的有效控制才使得销售净利率大幅提高,显示出该公式销售盈利能力的提高。资产周转率的提高使得销售净利率对资产净利率提高的促进效果得到进一步放大。本组中权益乘数的下降说明小组的资本结构在第三、四年间发生了变动,第四年的权益乘数较第三年有所减少。权益乘数越小,企业负债程度越低,偿还债务的能力越强,财务风险程度越低。这个指标同时也反映了财务杠杆对利润水平的影响,财务杠杆具有正反两方面的作用。在收益较好的年度,它可以使股东潜在报酬增加,但股东要承担因负债增加而引起的风险;在收益不好的年度,则可能使股东潜在报酬下降。该小组的权益乘数一直处于2~5之间,即负债率在50%~80%之间,属于激进战略型企业。管理者应该准确把握企业所处环境,准确预测利润,合理控制负债带来的风险。

第四节 企业的生产与运作分析

一、生产线的性价比

做沙盘最基本的就是计算,正确的决策后面一定是有一系列的数据做支撑的。套用我们常说的话就是一切用数据说话,下面就生产线的性价比进行一系列的讨论,看看究竟怎样安排生产线最划算。

一般规则中手工线生产一个产品需要三个周期,半自动线需要两个生产周期,全自动线和柔性线需要一个生产周期。那么可以得到三条手工线的产能等于一条自动线的产能。而设备购买价格三条手工线需要15 M,同样一条自动线也是15 M,价格一样,折旧一样。可是每年的维修费上,三条手工线需要3 M维修费,一条自动线只需要1 M的维修费。另外手工线比自动线多占用两个生产线位置,分摊厂房租金下来,又是自动线的三倍。

同样的两条半自动线产能等于一条自动线产能。但是两条半自动线的购买需要20 M,

而自动线的购买只需要 15 M，同时两条半自动线的折旧费和维修费每年都要比自动线分别多出 1 M，多分摊一个生产线位的租金。

那么，柔性线与自动线的性价比呢？柔性线的购买价格比自动线贵了 5 M，如果可以用满四年，那么柔性线的残值比自动线多，相当于柔性线比自动线贵 4 M。从规则中知道，柔性线的优势在于转产，假设自动线转产一次，这个时候需要停产一个周期，同时支付 2 M 的转产费。由于柔性线的安装周期比自动线多一个周期，因此自动线停产一个周期也相当于基本与柔性线持平。至此自动线仍然比柔性线少支出 2 M，但是如果自动线开始第二次转产，又需要停产一个周期和 2 M 的转产费。那么很显然，柔性线可以比自动线多生产出一个产品，自然更具优势。

通过这样的比较，很容易发现，如果从性价比的角度出发，自动线是最具性价比的，如果同一条生产线需要转产两次或两次以上的话，柔性线是最合算的。另外，如果柔性线多的话，利用柔性线可以随意转产的特性，可以集中生产某产品，从而灵活调整交单的顺序和时间，最大限度地避免贴现。

同样道理，沙盘中还有很多细节，都是可以通过计算，将未知变成已知、将不确定变成确定。这需要有"用数据说话"的概念。

二、产品贡献度——生产什么最合算

在 ERP 沙盘的经营过程中，产品所使用的原材料不同，控制直接成本时恐怕计算就有些复杂了，如果能准确计算出不同产品各自的全成本，对成本控制会更有帮助。其实，只要将每种产品涉及的费用归类统计，并计算出每个产品的各项成本分摊比例即可。对每个产品进行这种贡献度分析之后，就可以有针对性地找出，到底成本在哪些地方失控？哪些地方是薄弱环节？哪些地方可以改进？只有这样，才能降低成本、提升利润。比如，如图 6-9 所示，比较 P2、P3。这里可以看出，虽然 P3 比 P2 的直接成本更高，但在此年中 P3 较 P2 赚钱。因为 P2 的财务费用、折旧和广告费成本分摊比例都明显高于 P3。这说明 P2 在广告投入组合、生产线与产品的组合及建线的时间上需要进一步优化。

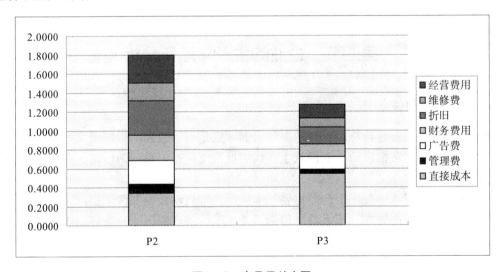

图 6-9　产品贡献度图

三、量本利分析——生产多少才赚钱

销售额与销售数量成正比，而企业成本支出分为固定成本和变动成本两块，固定成本如综合费用、折旧、利息等，和销售数量无关。如图 6-10 所示，成本曲线和销售金额曲线交点即盈亏平衡点。通过该图，可以分析出，盈利不佳是因为成本过高或产量不足。

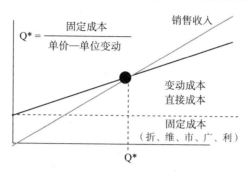

图 6-10 量本利分析图

四、物料需求分析

（一）产销排程——销售驱动生产与采购

根据市场预测客户需求，获取订单后，企业制订主生产计划然后再根据产品的材料构成、材料订购的提前期及现有原材料库存信息来制订物料需求计划，即具体的生产和采购计划。简而言之，市场要什么，我们就卖什么。结合本企业现有的生产线和库存情况计算出可承诺量（ATP），进而决定还需生产什么，还需生产多少，是否需要紧急加建生产线、转产或是紧急采购的具体生产计划。对应具体的生产计划，我们按照产品的材料构成情况和原材料的提前期决定还需采购哪些材料、还需采购多少、多久开始采购、是否需要紧急采购。如图 6-11 所示。

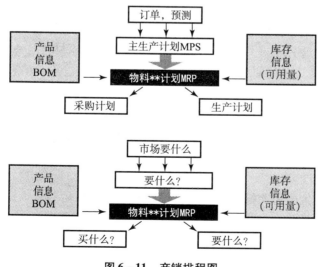

图 6-11 产销排程图

例如：经过投放广告后，E 组第二年接到 3 个 P2、8 个 P1 的订单。检测 E 组生产及库存现状发现，现有生产 P1 的全自动线两条、生产 P2 的全自动线一条、在建生产 P2 全自动线一条，预计第二年第三季度完工。P1 和 P2 已研发成功可以生产，据生产线现状，预计在第二年正常情况下，能生产 8 个 P1，检测库存发现拥有 2 个 P1，结合产品库存情况，发现还需在第二年生产 6 个 P1、3 个 P2。根据 P1 和 P2 的物料清单（BOM）P1 为 R1，P2 为 R2＋R3，其中 R1、R2 订购提前期为一季度，R3 为两季度，检测原材料库存情况发现第一季度即将入库 2 个 R1、1 个 R2 和 2 个 R3。所以为保证第二年的正常生产，我们还需在第二年的第一季度采购 1 个 R1、1 个 R2、1 个 R3，第二季度采购 2 个 R1、1 个 R2，共计 4R1；在 2 个 R2，2 个 R3。依次类推，可以根据生产线类型及所生产产品类型计算出合适订购原料、订购多少，当然实际操作的时候还要考虑原材料库存、转产、停产、加工费、原料到货付款等因素。

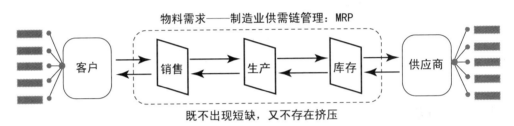

图 6-12　物料需求——MRP 图（正文未提及，请作者审）

（二）库存控制——零库存 & 弹性库存

1. "零库存"管理

关于原材料的计算、采购计划排程，是 MRP 的核心内容之一，也是影响一个企业资金周转率的重要因素。为什么要推崇"零库存"管理？因为资金是有时间成本的。简单说，在沙盘模拟经营中，通常会有贷款，那就意味着用来购买原材料的钱是需要支付利息的，而在沙盘模型中，原材料库存本身是不会获取利润的。因此原材料库存越多，就意味着需要更多的贷款，而增加的这部分贷款会增加财务费用的支出，同时降低了资金周转率。因此减少库存是企业节流意向的重要举措。

沙盘模型中，产品的物料清单（BOM）是确定不变的，且原材料采购的时间周期也是确定的。因此可以通过明确的生产计划，准确地计算出所需原材料的种类和数量，以及相应的采购时间。例如 P2 产品的原材料是 R2＋R3 构成，那么假设需要在第四季度交一个 P2 产品，如果是自动线的话，那么意味着第三季度就必须上线开始生产了。这个时候需要 R2 和 R3 原材料都到库。由于 R2 原材料需要提前一个季度采购，R3 原材料需要提前两个季度采购，因此，我们需要在第一季度下一个 R3 原材料订单，在第二季度下一个 R2 原材料订单。这样就可以保证在 P2 第三季度需要上线生产时正好有充足的原材料，同时才可以保证第四季度 P2 产品生产下线、准时交货。

这就是最基本的生产采购排程，通过精确排程计算，要做到每下一个原材料订单的时候，明白这个原材料是什么时候做什么产品需要的，这样才可以做到及时制（JIT）管理，实现"零库存"管理的目标。

2. "弹性库存"管理

在实现"零库存"管理后，说明企业管理者已经可以熟练掌握生产排程的技能。但是"零库存"管理是基于将来产品产出不变的情况下做出安排的，而实际在沙盘经营中，经常出现一些出乎意料的市场变化，订单、采购和生产都不能一如计划那样一成不变。这时我们经常利用柔性生产线转产来调整已有的一些生产计划，以适应市场和经营中的意外变化。因此，追求绝对的"零库存"，就暴露出一个问题：不能根据市场选单情况及时灵活地调整生产安排。因此在有柔性线的情况下，原材料采购计划应该多做几种可能性，取各种采购方案中出现的原材料数额的最大值。

例如，现有一条柔性生产线，在第二年第一季度有可能需要上线生产 P2 产品，也有可能上线生产 P3 产品。P2 产品由 R2 + R3 构成，P3 产品由 R1 + R2 + R3 + R4 构成。在这种生产安排不确定的情况下，通过分析可以发现，要在第二年第一季度实现任意产品的转换，需要在第一季度保证有 R1、R2、R3、R4 四种原材料都有一个，这样才能保证生产线可以根据市场接单情况任意选择 P2 或 P3 开工生产。

因此，要想充分发挥柔性线的转产优势，必须做好充分的原材料预算，将市场可能出现的拿单情况进行多种可能性的分析。提前在第一年的第三、四季度的原材料采购订单就做好转产库存的准备，同时在第二年的第一、二季度减少相应原材料订单，从而将上一年多订的预备转产的原材料库存消化掉。

做好原材料的灵活采购计划、"弹性库存"管理，是保证后期的机动调整产能、灵活选取订单的基础，同时需要兼顾到资金周转率，才能发挥出柔性线的最大价值。

模块七

ERP 沙盘实战演练

学习目标

- 能够熟练制定公司战略规划；
- 能够运用市场分析方法进行市场预测；
- 能够把握企业的生产运作的关键环节；
- 能够制定简单的账务报表。

相关知识

每一年开始，由 CEO 领导组内成员按照企业经营的流程进行操作，填写《经营流程表》。在每项工作完成后，由 CEO 在相应的方格内打"√"确认，以示完成；如果涉及现金收支业务，财务总监（助理）将现金收支的数额填写在相应方格内。

在每年的新年度规划会议中，企业各管理人员提出自己的想法，财务总监进行现金的预算，填写《现金预算表》，预算这一年中资金是否可以保证不断流，以便确定如何投资、交货的先后顺序等。最后根据预算现金状况，CEO 联同小组成员确定最终运营方案。

参加完每年的订单会后，营销总监负责填写表《订单登记表》。《订单登记表》用于记录本年取得的客户订单，需要填写订单登记表中的订单号、市场、产品、数量、账期、销售额项目。按订单交货时，应及时登记成本项目，计算毛利项目。年末统计时，如果有未按时交货的，在"未售"栏目中单独标注，对产生的违约金也一并写入。

年末，企业的财务总监需要综合反映在经营中发生的各种除产品生产成本、财务费用外的其他费用。这时需要编制《综合费用明细表》。该表根据沙盘上的"综合费用"处的支出进行填写。具体的填制方法如下：

- "管理费"项目根据企业当年支付的行政管理费填列。
- "广告费"项目根据企业当年年初的"广告登记表"中填列的广告费填列。
- "设备维护费"项目根据企业实际支付的生产线保养费填列。根据规则，只要生产线建设完工，不论是否生产，都应当支付维护费。

- "转产费"项目根据企业生产线转产支付的转产费填列。
- "厂房租金"项目根据企业支付的厂房租金填列。
- "新市场开拓"根据企业本年开发市场支付的开发费填列。为了明确开拓的市场，需要在"备注"栏本年开拓的市场前划"√"。
- "ISO 资格认证"项目根据企业本年 ISO 认证开发支付的开发费填列。为了明确认证的种类，需要在"备注"栏本年认证的名称前划"√"。
- "产品研发"项目根据本年企业研发产品支付的研发费记录本年投入的总金额。为了明确产品研发的品种，应在"备注"栏产品的名称前划"√"。
- "其他"项目主要根据企业发生的其他支出填列，比如，出售生产线净值大于残值的部分、紧急变卖、订单违约损失等。

年末，财务总监还要核算企业当年的经营成果，编制《利润表》。利润表把一定期间内的营业收入与其同一期间相关的成本费用相配比；从而计算出企业一定时期的利润。通过编制利润表，可以反映企业生产经营的收益情况、成本耗费情况，表明企业生产经营成果。同时，通过利润表提供的不同时期的比较数字，可以分析企业利润的发展趋势和获利能力。

利润表的编制方法如下：

- 利润表中"上年数"栏反映各项目的上年的实际发生数，根据上年利润表的"本年数"填列。利润表中"本年数"栏反映各项目本年的实际发生数，根据本年实际发生额的合计填列。
- "销售收入"项目反映企业销售产品取得的收入总额，根据"产品核算统计表"填列。
- "直接成本"项目反映企业本年已经销售产品的实际成本，根据"产品核算统计表"填列。
- "毛利"项目反映企业销售产品实现的毛利，根据销售收入减去直接成本后的余额填列。
- "综合费用"项目反映企业本年发生的综合费用，根据"综合费用表"的合计数填列。
- "折旧前利润"项目反映企业在计提折旧前的利润，根据毛利减去综合费用后的余额填列。
- "折旧"项目反映企业当年计提的折旧额，根据当期计提的折旧额填列。
- "支付利息前的利润"项目反映企业支付利息前实现的利润，根据折旧前利润减去折旧后的余额填列。
- "财务收入/支出"项目反映企业本年发生的财务收入或者财务支出，比如借款利息、贴息等，根据沙盘上的"利息"填列。
- "其他收入/支出"项目反映企业其他业务形成的收入或者支出，比如出租厂房取得的收入等。注意：在有的文献中，将"财务收入/支出"和"其他收入/支出"统称为"财务费用"。
- "税前利润"项目反映企业本年实现的利润总额。根据支付利息前的利润加财务收入减去财务支出，再加上其他收入减去其他支出后的余额填列。

- "所得税"项目反映企业本年应交纳的所得税费用，根据规则要求进行填列。
- "净利润"项目反映企业本年实现的净利润，根据税前利润减去所得税后的余额填列。

在编制完利润表的基础上，财务总监还要负责编制《资产负债表》。它是根据"资产＝负债＋所有者权益"的会计等式编制的。

资产负债表的"金额"栏各项目主要根据有关项目期末余额资料编制，其数据的来源主要通过以下几种方式取得：

- 资产类项目主要根据沙盘盘面的资产状况通过盘点后的实际金额填列。
- 负债类项目中的"长期负债"和"短期负债"根据沙盘上的长期借款和短期借款数额填列，如果有将于一年内到期的长期负债，应单独反映。
- "应交税金"项目根据企业本年"利润表"中的"所得税"项目的金额填列。
- "所有者权益类"中的股东权益项目，如果本年股东没有增资的情况下，直接根据上年末"利润表"中的"股东资本"项目填列，如果发生了增资，则为上年末的股东资本加上本年增资的资本。
- "利润留存"项目根据上年利润表中的"利润留存"和"年度净利"两个项目的合计数填列。
- "年度净利"项目根据"利润表"中的"净利润"项目填列。

到此，企业该年的经营结束，本年度所有的经营数据不能随意更改。经营结束后，CEO应召集团队成员对当年的经营情况进行分析，分析决策的成功与失误，分析经营的得与失。此时，应该填写《年度总结表》。

第一节 第一年实战演练

（一）经营流程表　　　　　第＿＿＿年　用户＿＿＿

操作顺序	企业经营流程		每执行完一项操作，CEO 请在相应的方格内打钩。			
	手工操作流程	系统操作	手工记录			
年初	新年度规划会议					
	广告投放	输入广告费确认				
	参加订货会选订单/登记订单	选单				
	支付应付税	系统自动				
	支付长贷利息	系统自动				
	更新长期贷款/长期贷款还款	系统自动				
	申请长期贷款	输入贷款数额并确认				
1	季初盘点（请填余额）	产品下线，生产线完工				
2	更新短期贷款/短贷还本付息	系统自动				
3	申请短期贷款	输入贷款数额并确认				
4	原材料入库/更新原料订单	需要确认金额				
5	下原料订单	输入并确认				
6	购买/租用——厂房	选择确认，自动扣现金				
7	更新生产/完工入库	系统自动				
8	新建/在建/转产/变卖——生产线	选择并确认				
9	紧急采购（随时进行）	随时进行输入并确认				
10	开始下一批生产	选择并确认				
11	更新应收款/应收款收现	需要输入到期金额				
12	按订单交货	选择交货订单确认				
13	产品研发投资	选择并确认				
14	厂房——出售（买转租）/退租/租转买	选择确认，转应收款				
15	新市场开拓/ISO 资格投资	仅第四季度允许操作				
16	支付管理费/更新厂房租金	系统自动				
17	出售库存	输入并确认（随时进行）				
18	厂房贴现	随时进行				
19	应收款贴现	输入并确认（随时进行）				
20	季末收入合计					
21	季末支出合计					
22	季末数额对账					
年末	缴纳违约订单罚款	系统自动				
	支付设备维护费	系统自动				
	计提折旧	系统自动				（ ）
	新市场/ISO 资格换证	系统自动				

（二）现金预算表　　　　　第____年　用户____

序号		1	2	3	4
1	期初库存现金				
2	支付上年应交税				
3	支付上年长贷利息				
4	支付到期长期贷款				
5	市场广告投入				
6	长期贷款				
7	出售库存收入				
8	支付短贷利息				
9	支付到期短期贷款				
10	短期贷款				
11	原料采购支付现金				
12	购买/租用厂房				
13	转产费用				
14	生产线投资/变卖				
15	工人工资（加工费）				
16	应收款到期				
17	产品研发投资				
18	支付管理费用				
19	贴现费用				
20	紧急采购				
21	设备维护费用				
22	市场开拓投资				
23	ISO 认证投资				
24	违约罚款				
25	预计本年长贷利息				（　　）
26	预计下年到期长期贷款				（　　）
27	库存现金余额				

（三）财务报表　　　　第＿＿＿年　用户＿＿＿

综合费用表

项目	金额
管理费	
广告费	
设备维护费	
损失	
转产费	
厂房租金	
新市场开拓	
ISO 资格认证	
产品研发	
信息费	
合计	

利润表

项目	金额
销售收入	
直接成本	
毛利	
综合费用	
折旧前利润	
折旧	
支付利息前利润	
财务费用	
税前利润	
所得税	
年度净利润	

资产负债表

项目	金额	项目	金额
现金		长期负债	
应收款		短期负债	
在制品		应交所得税	
产成品		—	—
原材料		—	—
流动资产合计		负债合计	
厂房		股东资本	
生产线		利润留存	
在建工程		年度净利	
固定资产合计		所有者权益合计	
资产总计		负债和所有者权益总计	

注：库存折价拍价、生产线变卖、紧急采购、订单违约记入损失；
每年经营结束请将此表交到裁判处核对。

（四）绩效考核表　　　　第____年　用户____

姓名		部门		职务		
考评期						
考评尺度及分数		优秀（10分）良好（8分）一般（6分）较差（4分）极差（2分）	评分	平均分	权重系数
工作态度	1. 出勤率	出勤情况，有无迟到早退，是否遵守制度纪律。			3
	2. 参与度	工作自觉性、积极性；对工作的投入程度，进取精神，责任心。			
	3. 执行力	对战略、决策、计划的执行程度，及执行中对工作的检查跟进程度。			
	4. 全局观	团队合作精神，立足全局，从整体出发考虑处理问题。			
工作能力	5. 判断力	预见性及决策准确性，对工作关键因素、发展趋势与机遇的把握程度。			3
	6. 计划性	事前计划程度，对工作内容、时间、数量、程序安排的合理性、有效性。			
	7. 应变力	应对变化，采取措施或行动的主动性、有效性。			
	8. 创新性	为了更有效工作，改进工作的主动性及效果。			
	9. 协调力	与各方面关系协调、化解矛盾，说服他人的能力。			
	10. 缜密度	工作认真细致及深入程度，考虑问题的全面性、遗漏率。			
工作业绩	11. 目标达成度	工作达成与计划目标的差距。			4
	12. 工作速度	完成工作的迅速性、时效性，有无浪费时间或拖拉现象。			
	13. 成本控制	与目标比较，实际费用控制程度与费用开支的合理性、必要性。			
综合得分	（1~4项平均分）×3＋（5~10项平均分）×3＋（11~13项平均分）×4＝_____分				

（五）年度总结表　　　　　第____年　用户____

年度总结表
年度基本运营情况简述：
运营中遇到的问题：
纠正与预防措施：

第二节 第二年实战演练

（一）经营流程表　　　　第_____年　　用户_____

操作顺序	企业经营流程		
	手工操作流程	系统操作	手工记录
年初	新年度规划会议		
	广告投放	输入广告费确认	
	参加订货会选订单/登记订单	选单	
	支付应付税	系统自动	
	支付长贷利息	系统自动	
	更新长期贷款/长期贷款还款	系统自动	
	申请长期贷款	输入贷款数额并确认	
1	季初盘点（请填余额）	产品下线，生产线完工	
2	更新短期贷款/短贷还本付息	系统自动	
3	申请短期贷款	输入贷款数额并确认	
4	原材料入库/更新原料订单	需要确认金额	
5	下原料订单	输入并确认	
6	购买/租用——厂房	选择确认，自动扣现金	
7	更新生产/完工入库	系统自动	
8	新建/在建/转产/变卖——生产线	选择并确认	
9	紧急采购（随时进行）	随时进行输入并确认	
10	开始下一批生产	选择并确认	
11	更新应收款/应收款收现	需要输入到期金额	
12	按订单交货	选择交货订单确认	
13	产品研发投资	选择并确认	
14	厂房——出售（买转租）/退租/租转买	选择确认，转应收款	
15	新市场开拓/ISO资格投资	仅第四季度允许操作	
16	支付管理费/更新厂房租金	系统自动	
17	出售库存	输入并确认（随时进行）	
18	厂房贴现	随时进行	
19	应收款贴现	输入并确认（随时进行）	
20	季末收入合计		
21	季末支出合计		
22	季末数额对账		
年末	缴纳违约订单罚款	系统自动	
	支付设备维护费	系统自动	
	计提折旧	系统自动	（　　）
	新市场/ISO资格换证	系统自动	

（二）广告投放方案　　　　第____年　用户____

产品＼市场	本地	区域	国内	亚洲	国际
P1					
P2					
P3					
P4					

（三）订单登记表　　　　第____年　用户____

订单号										合计
市场										
产品										
数量										
账期										
销售额										
成本										
毛利										
未售										
违约金										

（四）计划调整方案

_____
_____
_____
_____
_____

（五）现金预算表　　　　第____年　用户____

序号		1	2	3	4
1	期初库存现金				
2	支付上年应交税				
3	支付上年长贷利息				
4	支付到期长期贷款				
5	市场广告投入				
6	长期贷款				
7	出售库存收入				
8	支付短贷利息				
9	支付到期短期贷款				
10	短期贷款				
11	原料采购支付现金				
12	购买/租用厂房				
13	转产费用				
14	生产线投资/变卖				
15	工人工资（加工费）				
16	应收款到期				
17	产品研发投资				
18	支付管理费用				
19	贴现费用				
20	紧急采购				
21	设备维护费用				
22	市场开拓投资				
23	ISO 认证投资				
24	违约罚款				
25	预计本年长贷利息				（　）
26	预计下年到期长期贷款				（　）
27	库存现金余额				

（六）财务报表　　　　　　第＿＿＿年　用户＿＿＿

综合费用表

项目	金额
管理费	
广告费	
设备维护费	
损失	
转产费	
厂房租金	
新市场开拓	
ISO 资格认证	
产品研发	
信息费	
合计	

利润表

项目	金额
销售收入	
直接成本	
毛利	
综合费用	
折旧前利润	
折旧	
支付利息前利润	
财务费用	
税前利润	
所得税	
年度净利润	

资产负债表

项目	金额	项目	金额
现金		长期负债	
应收款		短期负债	
在制品		应交所得税	
产成品		—	—
原材料		—	—
流动资产合计		负债合计	
厂房		股东资本	
生产线		利润留存	
在建工程		年度净利	
固定资产合计		所有者权益合计	
资产总计		负债和所有者权益总计	

注：库存折价拍价、生产线变卖、紧急采购、订单违约记入损失；
每年经营结束请将此表交到裁判处核对。

（七）绩效考核表　　　　第_____年　　用户_____

姓名		部门		职务		
考评期						
考评尺度及分数			优秀（10分）良好（8分）一般（6分）较差（4分）极差（2分）	评分	平均分	权重系数
工作态度	1. 出勤率		出勤情况，有无迟到早退，是否遵守制度纪律。			3
	2. 参与度		工作自觉性、积极性；对工作的投入程度，进取精神，责任心。			
	3. 执行力		对战略、决策、计划的执行程度，及执行中对工作的检查跟进程度。			
	4. 全局观		团队合作精神，立足全局，从整体出发考虑处理问题。			
工作能力	5. 判断力		预见性及决策准确性，对工作关键因素、发展趋势与机遇的把握程度。			3
	6. 计划性		事前计划程度，对工作内容、时间、数量、程序安排的合理性、有效性。			
	7. 应变力		应对变化，采取措施或行动的主动性、有效性。			
	8. 创新性		为了更有效工作，改进工作的主动性及效果。			
	9. 协调力		与各方面关系协调、化解矛盾，说服他人的能力。			
	10. 缜密度		工作认真细致及深入程度，考虑问题的全面性、遗漏率。			
工作业绩	11. 目标达成度		工作达成与计划目标的差距。			4
	12. 工作速度		完成工作的迅速性、时效性，有无浪费时间或拖拉现象。			
	13. 成本控制		与目标比较，实际费用控制程度与费用开支的合理性、必要性。			
综合得分	（1~4项平均分）×3 +（5~10项平均分）×3 +（11~13项平均分）×4 = _____分					

（八）年度总结表　　　　第＿＿＿年　用户＿＿＿

年度总结表
年度基本运营情况简述：   运营中遇到的问题：   纠正与预防措施：

第三节　第三年实战演练

（一）经营流程表　　　　第_____年　　用户_____

操作顺序	企业经营流程		每执行完一项操作，CEO请在相应的方格内打钩。				
	手工操作流程	系统操作	手工记录				
年初	新年度规划会议						
	广告投放	输入广告费确认					
	参加订货会选订单/登记订单	选单					
	支付应付税	系统自动					
	支付长贷利息	系统自动					
	更新长期贷款/长期贷款还款	系统自动					
	申请长期贷款	输入贷款数额并确认					
1	季初盘点（请填余额）	产品下线，生产线完工					
2	更新短期贷款/短贷还本付息	系统自动					
3	申请短期贷款	输入贷款数额并确认					
4	原材料入库/更新原料订单	需要确认金额					
5	下原料订单	输入并确认					
6	购买/租用——厂房	选择确认，自动扣现金					
7	更新生产/完工入库	系统自动					
8	新建/在建/转产/变卖——生产线	选择并确认					
9	紧急采购（随时进行）	随时进行输入并确认					
10	开始下一批生产	选择并确认					
11	更新应收款/应收款收现	需要输入到期金额					
12	按订单交货	选择交货订单确认					
13	产品研发投资	选择并确认					
14	厂房——出售（买转租）/退租/租转买	选择确认，转应收款					
15	新市场开拓/ISO资格投资	仅第四季度允许操作					
16	支付管理费/更新厂房租金	系统自动					
17	出售库存	输入并确认（随时进行）					
18	厂房贴现	随时进行					
19	应收款贴现	输入并确认（随时进行）					
20	季末收入合计						
21	季末支出合计						
22	季末数额对账						
年末	缴纳违约订单罚款	系统自动					
	支付设备维护费	系统自动					
	计提折旧	系统自动					( )
	新市场/ISO资格换证	系统自动					

（二）广告投放方案　　　　第____年　用户____

产品＼市场	本地	区域	国内	亚洲	国际
P1					
P2					
P3					
P4					

（三）订单登记表　　　　第____年　用户____

订单号									合计
市场									
产品									
数量									
账期									
销售额									
成本									
毛利									
未售									
违约金									

（四）计划调整方案

_____

_____

_____

_____

_____

（五）现金预算表　　　　第____年　用户____

序号		1	2	3	4
1	期初库存现金				
2	支付上年应交税				
3	支付上年长贷利息				
4	支付到期长期贷款				
5	市场广告投入				
6	长期贷款				
7	出售库存收入				
8	支付短贷利息				
9	支付到期短期贷款				
10	短期贷款				
11	原料采购支付现金				
12	购买/租用厂房				
13	转产费用				
14	生产线投资/变卖				
15	工人工资（加工费）				
16	应收款到期				
17	产品研发投资				
18	支付管理费用				
19	贴现费用				
20	紧急采购				
21	设备维护费用				
22	市场开拓投资				
23	ISO 认证投资				
24	违约罚款				
25	预计本年长贷利息				（　）
26	预计下年到期长期贷款				（　）
27	库存现金余额				

(六) 财务报表　　　　第＿＿＿年　用户＿＿＿

综合费用表

项目	金额
管理费	
广告费	
设备维护费	
损失	
转产费	
厂房租金	
新市场开拓	
ISO 资格认证	
产品研发	
信息费	
合计	

利润表

项目	金额
销售收入	
直接成本	
毛利	
综合费用	
折旧前利润	
折旧	
支付利息前利润	
财务费用	
税前利润	
所得税	
年度净利润	

资产负债表

项目	金额	项目	金额
现金		长期负债	
应收款		短期负债	
在制品		应交所得税	
产成品		—	—
原材料		—	—
流动资产合计		负债合计	
厂房		股东资本	
生产线		利润留存	
在建工程		年度净利	
固定资产合计		所有者权益合计	
资产总计		负债和所有者权益总计	

注：库存折价拍价、生产线变卖、紧急采购、订单违约记入损失；
每年经营结束请将此表交到裁判处核对。

（七）绩效考核表　　　　第_____年　　用户_____

姓名			部门		职务	
考评期						
考评尺度及分数			优秀（10 分）良好（8 分）一般（6 分）较差（4 分）极差（2 分）	评分	平均分	权重系数
工作态度	1. 出勤率		出勤情况，有无迟到早退，是否遵守制度纪律。			3
	2. 参与度		工作自觉性、积极性；对工作的投入程度，进取精神，责任心。			
	3. 执行力		对战略、决策、计划的执行程度，及执行中对工作的检查跟进程度。			
	4. 全局观		团队合作精神，立足全局，从整体出发考虑处理问题。			
工作能力	5. 判断力		预见性及决策准确性，对工作关键因素、发展趋势与机遇的把握程度。			3
	6. 计划性		事前计划程度，对工作内容、时间、数量、程序安排的合理性、有效性。			
	7. 应变力		应对变化，采取措施或行动的主动性、有效性。			
	8. 创新性		为了更有效工作，改进工作的主动性及效果。			
	9. 协调力		与各方面关系协调、化解矛盾，说服他人的能力。			
	10. 缜密度		工作认真细致及深入程度，考虑问题的全面性、遗漏率。			
工作业绩	11. 目标达成度		工作达成与计划目标的差距。			4
	12. 工作速度		完成工作的迅速性、时效性，有无浪费时间或拖拉现象。			
	13. 成本控制		与目标比较，实际费用控制程度与费用开支的合理性、必要性。			
综合得分	（1～4 项平均分）×3 +（5～10 项平均分）×3 +（11～13 项平均分）×4 = _____分					

（八）年度总结表　　　　　第＿＿＿年　用户＿＿＿＿

年度总结表

年度基本运营情况简述：

_____
_____
_____
_____
_____
_____
_____

运营中遇到的问题：

_____
_____
_____
_____
_____
_____
_____

纠正与预防措施：

_____
_____
_____
_____
_____
_____
_____

第四节　第四年实战演练

（一）经营流程表　　　　　第_____年　　用户_____

操作顺序	企业经营流程		每执行完一项操作，CEO 请在相应的方格内打钩。			
	手工操作流程	系统操作	手工记录			
年初	新年度规划会议					
	广告投放	输入广告费确认				
	参加订货会选订单/登记订单	选单				
	支付应付税	系统自动				
	支付长贷利息	系统自动				
	更新长期贷款/长期贷款还款	系统自动				
	申请长期贷款	输入贷款数额并确认				
1	季初盘点（请填余额）	产品下线，生产线完工				
2	更新短期贷款/短贷还本付息	系统自动				
3	申请短期贷款	输入贷款数额并确认				
4	原材料入库/更新原料订单	需要确认金额				
5	下原料订单	输入并确认				
6	购买/租用——厂房	选择确认，自动扣现金				
7	更新生产/完工入库	系统自动				
8	新建/在建/转产/变卖——生产线	选择并确认				
9	紧急采购（随时进行）	随时进行输入并确认				
10	开始下一批生产	选择并确认				
11	更新应收款/应收款收现	需要输入到期金额				
12	按订单交货	选择交货订单确认				
13	产品研发投资	选择并确认				
14	厂房——出售（买转租）/退租/租转买	选择确认，转应收款				
15	新市场开拓/ISO 资格投资	仅第四季度允许操作				
16	支付管理费/更新厂房租金	系统自动				
17	出售库存	输入并确认（随时进行）				
18	厂房贴现	随时进行				
19	应收款贴现	输入并确认（随时进行）				
20	季末收入合计					
21	季末支出合计					
22	季末数额对账					
年末	缴纳违约订单罚款	系统自动				
	支付设备维护费	系统自动				
	计提折旧	系统自动				（　）
	新市场/ISO 资格换证	系统自动				

（二）广告投放方案　　　　第＿＿＿年　用户＿＿＿

产品＼市场	本地	区域	国内	亚洲	国际
P1					
P2					
P3					
P4					

（三）订单登记表　　　　第＿＿＿年　用户＿＿＿

									合计
订单号									
市场									
产品									
数量									
账期									
销售额									
成本									
毛利									
未售									
违约金									

（四）计划调整方案

_____

_____

_____

_____

（五）现金预算表　　　第＿＿＿年　用户＿＿＿

序号		1	2	3	4
1	期初库存现金				
2	支付上年应交税				
3	支付上年长贷利息				
4	支付到期长期贷款				
5	市场广告投入				
6	长期贷款				
7	出售库存收入				
8	支付短贷利息				
9	支付到期短期贷款				
10	短期贷款				
11	原料采购支付现金				
12	购买/租用厂房				
13	转产费用				
14	生产线投资/变卖				
15	工人工资（加工费）				
16	应收款到期				
17	产品研发投资				
18	支付管理费用				
19	贴现费用				
20	紧急采购				
21	设备维护费用				
22	市场开拓投资				
23	ISO 认证投资				
24	违约罚款				
25	预计本年长贷利息				（　　）
26	预计下年到期长期贷款				（　　）
27	库存现金余额				

(六) 财务报表　　　　第___年　用户___

综合费用表

项目	金额
管理费	
广告费	
设备维护费	
损失	
转产费	
厂房租金	
新市场开拓	
ISO 资格认证	
产品研发	
信息费	
合计	

利润表

项目	金额
销售收入	
直接成本	
毛利	
综合费用	
折旧前利润	
折旧	
支付利息前利润	
财务费用	
税前利润	
所得税	
年度净利润	

资产负债表

项目	金额	项目	金额
现金		长期负债	
应收款		短期负债	
在制品		应交所得税	
产成品		—	—
原材料		—	—
流动资产合计		负债合计	
厂房		股东资本	
生产线		利润留存	
在建工程		年度净利	
固定资产合计		所有者权益合计	
资产总计		负债和所有者权益总计	

注：库存折价拍价、生产线变卖、紧急采购、订单违约记入损失；
每年经营结束请将此表交到裁判处核对。

（七）绩效考核表　　　　第_____年　　　用户_____

姓名		部门			职务		
考评期							
考评尺度及分数		优秀（10分）良好（8分）一般（6分）较差（4分）极差（2分）			评分	平均分	权重系数
工作态度	1. 出勤率	出勤情况，有无迟到早退，是否遵守制度纪律。					3
	2. 参与度	工作自觉性、积极性；对工作的投入程度，进取精神，责任心。					
	3. 执行力	对战略、决策、计划的执行程度，及执行中对工作的检查跟进程度。					
	4. 全局观	团队合作精神，立足全局，从整体出发考虑处理问题。					
工作能力	5. 判断力	预见性及决策准确性，对工作关键因素、发展趋势与机遇的把握程度。					3
	6. 计划性	事前计划程度，对工作内容、时间、数量、程序安排的合理性、有效性。					
	7. 应变力	应对变化，采取措施或行动的主动性、有效性。					
	8. 创新性	为了更有效工作，改进工作的主动性及效果。					
	9. 协调力	与各方面关系协调、化解矛盾，说服他人的能力。					
	10. 缜密度	工作认真细致及深入程度，考虑问题的全面性、遗漏率。					
工作业绩	11. 目标达成度	工作达成与计划目标的差距。					4
	12. 工作速度	完成工作的迅速性、时效性，有无浪费时间或拖拉现象。					
	13. 成本控制	与目标比较，实际费用控制程度与费用开支的合理性、必要性。					
综合得分	（1~4项平均分）×3＋（5~10项平均分）×3＋（11~13项平均分）×4＝_____分						

(八) 年度总结表　　　　　第___年　用户___

年度总结表
年度基本运营情况简述：   运营中遇到的问题：   纠正与预防措施：

第五节　第五年实战演练

(一) 经营流程表　　　第_____年　　用户_____

操作顺序	企业经营流程		每执行完一项操作，CEO 请在相应的方格内打钩。		
	手工操作流程	系统操作	手工记录		
年初	新年度规划会议				
	广告投放	输入广告费确认			
	参加订货会选订单/登记订单	选单			
	支付应付税	系统自动			
	支付长贷利息	系统自动			
	更新长期贷款/长期贷款还款	系统自动			
	申请长期贷款	输入贷款数额并确认			
1	季初盘点（请填余额）	产品下线，生产线完工			
2	更新短期贷款/短贷还本付息	系统自动			
3	申请短期贷款	输入贷款数额并确认			
4	原材料入库/更新原料订单	需要确认金额			
5	下原料订单	输入并确认			
6	购买/租用——厂房	选择确认，自动扣现金			
7	更新生产/完工入库	系统自动			
8	新建/在建/转产/变卖——生产线	选择并确认			
9	紧急采购（随时进行）	随时进行输入并确认			
10	开始下一批生产	选择并确认			
11	更新应收款/应收款收现	需要输入到期金额			
12	按订单交货	选择交货订单确认			
13	产品研发投资	选择并确认			
14	厂房——出售（买转租）/退租/租转买	选择确认，转应收款			
15	新市场开拓/ISO 资格投资	仅第四季度允许操作			
16	支付管理费/更新厂房租金	系统自动			
17	出售库存	输入并确认（随时进行）			
18	厂房贴现	随时进行			
19	应收款贴现	输入并确认（随时进行）			
20	季末收入合计				
21	季末支出合计				
22	季末数额对账				
年末	缴纳违约订单罚款	系统自动			
	支付设备维护费	系统自动			
	计提折旧	系统自动			( )
	新市场/ISO 资格换证	系统自动			

（二）广告投放方案　　　　第＿＿＿年　用户＿＿＿

产品＼市场	本地	区域	国内	亚洲	国际
P1					
P2					
P3					
P4					

（三）订单登记表　　　　第＿＿＿年　用户＿＿＿

订单号									合计
市场									
产品									
数量									
账期									
销售额									
成本									
毛利									
未售									
违约金									

（四）计划调整方案

_____

_____

_____

_____

_____

(五) 现金预算表　　　　第＿＿＿年　用户＿＿＿

序号		1	2	3	4
1	期初库存现金				
2	支付上年应交税				
3	支付上年长贷利息				
4	支付到期长期贷款				
5	市场广告投入				
6	长期贷款				
7	出售库存收入				
8	支付短贷利息				
9	支付到期短期贷款				
10	短期贷款				
11	原料采购支付现金				
12	购买/租用厂房				
13	转产费用				
14	生产线投资/变卖				
15	工人工资（加工费）				
16	应收款到期				
17	产品研发投资				
18	支付管理费用				
19	贴现费用				
20	紧急采购				
21	设备维护费用				
22	市场开拓投资				
23	ISO 认证投资				
24	违约罚款				
25	预计本年长贷利息				（　）
26	预计下年到期长期贷款				（　）
27	库存现金余额				

（六）财务报表　　　　　第____年　用户____

综合费用表

项目	金额
管理费	
广告费	
设备维护费	
损失	
转产费	
厂房租金	
新市场开拓	
ISO 资格认证	
产品研发	
信息费	
合计	

利润表

项目	金额
销售收入	
直接成本	
毛利	
综合费用	
折旧前利润	
折旧	
支付利息前利润	
财务费用	
税前利润	
所得税	
年度净利润	

资产负债表

项目	金额	项目	金额
现金		长期负债	
应收款		短期负债	
在制品		应交所得税	
产成品		—	—
原材料		—	—
流动资产合计		负债合计	
厂房		股东资本	
生产线		利润留存	
在建工程		年度净利	
固定资产合计		所有者权益合计	
资产总计		负债和所有者权益总计	

注：库存折价拍价、生产线变卖、紧急采购、订单违约记入损失；
每年经营结束请将此表交到裁判处核对。

（七）绩效考核表　　　　第_____年　　用户_____

姓名		部门		职务		
考评期						
考评尺度及分数		优秀（10分）良好（8分）一般（6分）较差（4分）极差（2分）		评分	平均分	权重系数
工作态度	1. 出勤率	出勤情况，有无迟到早退，是否遵守制度纪律。				3
	2. 参与度	工作自觉性、积极性；对工作的投入程度，进取精神，责任心。				
	3. 执行力	对战略、决策、计划的执行程度，及执行中对工作的检查跟进程度。				
	4. 全局观	团队合作精神，立足全局，从整体出发考虑处理问题。				
工作能力	5. 判断力	预见性及决策准确性，对工作关键因素、发展趋势与机遇的把握程度。				3
	6. 计划性	事前计划程度，对工作内容、时间、数量、程序安排的合理性、有效性。				
	7. 应变力	应对变化，采取措施或行动的主动性、有效性。				
	8. 创新性	为了更有效工作，改进工作的主动性及效果。				
	9. 协调力	与各方面关系协调、化解矛盾，说服他人的能力。				
	10. 缜密度	工作认真细致及深入程度，考虑问题的全面性、遗漏率。				
工作业绩	11. 目标达成度	工作达成与计划目标的差距。				4
	12. 工作速度	完成工作的迅速性、时效性，有无浪费时间或拖拉现象。				
	13. 成本控制	与目标比较，实际费用控制程度与费用开支的合理性、必要性。				
综合得分	（1～4项平均分）×3＋（5～10项平均分）×3＋（11～13项平均分）×4＝_____分					

（八）年度总结表　　　　第____年　用户____

年度总结表
年度基本运营情况简述：
运营中遇到的问题：
纠正与预防措施：

第六节　第六年实战演练

（一）经营流程表　　　第_____年　　用户_____

操作顺序	企业经营流程		每执行完一项操作，CEO 请在相应的方格内打钩。		
	手工操作流程	系统操作		手工记录	
年初	新年度规划会议				
	广告投放	输入广告费确认			
	参加订货会选订单/登记订单	选单			
	支付应付税	系统自动			
	支付长贷利息	系统自动			
	更新长期贷款/长期贷款还款	系统自动			
	申请长期贷款	输入贷款数额并确认			
1	季初盘点（请填余额）	产品下线，生产线完工			
2	更新短期贷款/短贷还本付息	系统自动			
3	申请短期贷款	输入贷款数额并确认			
4	原材料入库/更新原料订单	需要确认金额			
5	下原料订单	输入并确认			
6	购买/租用——厂房	选择确认，自动扣现金			
7	更新生产/完工入库	系统自动			
8	新建/在建/转产/变卖——生产线	选择并确认			
9	紧急采购（随时进行）	随时进行输入并确认			
10	开始下一批生产	选择并确认			
11	更新应收款/应收款收现	需要输入到期金额			
12	按订单交货	选择交货订单确认			
13	产品研发投资	选择并确认			
14	厂房——出售（买转租）/退租/租转买	选择确认，转应收款			
15	新市场开拓/ISO 资格投资	仅第四季度允许操作			
16	支付管理费/更新厂房租金	系统自动			
17	出售库存	输入并确认（随时进行）			
18	厂房贴现	随时进行			
19	应收款贴现	输入并确认（随时进行）			
20	季末收入合计				
21	季末支出合计				
22	季末数额对账				
年末	缴纳违约订单罚款	系统自动			
	支付设备维护费	系统自动			
	计提折旧	系统自动		（　）	
	新市场/ISO 资格换证	系统自动			

（二）广告投放方案　　　第____年　用户____

产品＼市场	本地	区域	国内	亚洲	国际
P1					
P2					
P3					
P4					

（三）订单登记表　　　第____年　用户____

订单号										合计
市场										
产品										
数量										
账期										
销售额										
成本										
毛利										
未售										
违约金										

（四）计划调整方案

_____

_____

_____

_____

（五）现金预算表　　　　第____年　用户____

序号		1	2	3	4
1	期初库存现金				
2	支付上年应交税				
3	支付上年长贷利息				
4	支付到期长期贷款				
5	市场广告投入				
6	长期贷款				
7	出售库存收入				
8	支付短贷利息				
9	支付到期短期贷款				
10	短期贷款				
11	原料采购支付现金				
12	购买/租用厂房				
13	转产费用				
14	生产线投资/变卖				
15	工人工资（加工费）				
16	应收款到期				
17	产品研发投资				
18	支付管理费用				
19	贴现费用				
20	紧急采购				
21	设备维护费用				
22	市场开拓投资				
23	ISO 认证投资				
24	违约罚款				
25	预计本年长贷利息				（　　）
26	预计下年到期长期贷款				（　　）
27	库存现金余额				

（六）财务报表　　　　　第＿＿＿年　用户＿＿＿

综合费用表

项目	金额
管理费	
广告费	
设备维护费	
损失	
转产费	
厂房租金	
新市场开拓	
ISO 资格认证	
产品研发	
信息费	
合计	

利润表

项目	金额
销售收入	
直接成本	
毛利	
综合费用	
折旧前利润	
折旧	
支付利息前利润	
财务费用	
税前利润	
所得税	
年度净利润	

资产负债表

项目	金额	项目	金额
现金		长期负债	
应收款		短期负债	
在制品		应交所得税	
产成品		—	—
原材料		—	—
流动资产合计		负债合计	
厂房		股东资本	
生产线		利润留存	
在建工程		年度净利	
固定资产合计		所有者权益合计	
资产总计		负债和所有者权益总计	

注：库存折价拍价、生产线变卖、紧急采购、订单违约记入损失；
每年经营结束请将此表交到裁判处核对。

（七）绩效考核表　　　　第＿＿＿年　用户＿＿＿

姓名		部门		职务		
考评期						
考评尺度及分数			优秀（10分）良好（8分）一般（6分）较差（4分）极差（2分）	评分	平均分	权重系数
工作态度	1. 出勤率		出勤情况，有无迟到早退，是否遵守制度纪律。			3
	2. 参与度		工作自觉性、积极性；对工作的投入程度，进取精神，责任心。			
	3. 执行力		对战略、决策、计划的执行程度，及执行中对工作的检查跟进程度。			
	4. 全局观		团队合作精神，立足全局，从整体出发考虑处理问题。			
工作能力	5. 判断力		预见性及决策准确性，对工作关键因素、发展趋势与机遇的把握程度。			3
	6. 计划性		事前计划程度，对工作内容、时间、数量、程序安排的合理性、有效性。			
	7. 应变力		应对变化，采取措施或行动的主动性、有效性。			
	8. 创新性		为了更有效工作，改进工作的主动性及效果。			
	9. 协调力		与各方面关系协调、化解矛盾，说服他人的能力。			
	10. 缜密度		工作认真细致及深入程度，考虑问题的全面性、遗漏率。			
工作业绩	11. 目标达成度		工作达成与计划目标的差距。			4
	12. 工作速度		完成工作的迅速性、时效性，有无浪费时间或拖拉现象。			
	13. 成本控制		与目标比较，实际费用控制程度与费用开支的合理性、必要性。			
综合得分	（1~4项平均分）×3+（5~10项平均分）×3+（11~13项平均分）×4=＿＿＿＿分					

（八）年度总结表　　　　　　第____年　用户____

年度总结表

年度基本运营情况简述：

_____
_____
_____
_____
_____
_____
_____
_____

运营中遇到的问题：

_____
_____
_____
_____
_____
_____
_____
_____

纠正与预防措施：

_____
_____
_____
_____
_____
_____
_____
_____

附表一

市场预测

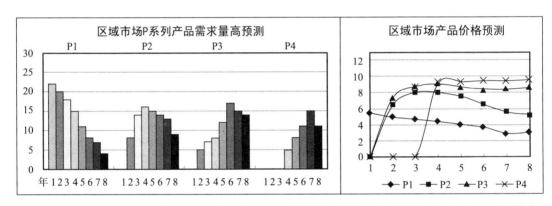

本地市场将会持续发展,对低端产品的需求可能要下滑。伴随着需求的减少,低端产品的价格很有可能走低。后几年,随着高端产品的成熟,市场对 P3、P4 产品的需求将会逐渐增大。由于客户对质量意识的不断提高,后几年可能对产品的 ISO9000 和 ISO14000 认证有更多的需求。

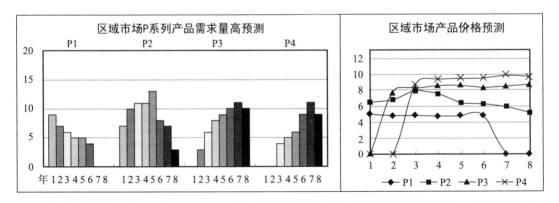

区域市场的客户相对稳定,对 P 系列产品需求的变化很有可能比较平稳。因紧邻本地市场,所以产品需求量的走势可能与本地市场相似,价格趋势也应大致一样。该市场容量有限,对高端产品的需求也可能相对较小,但客户会对产品的 ISO9000 和 ISO14000 认证有较高的要求。

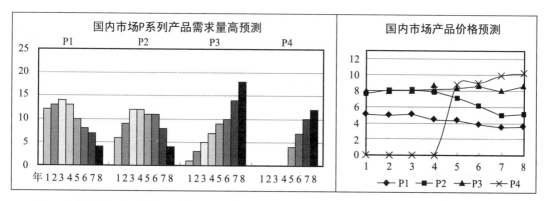

因 P1 产品带有较浓的地域色彩，估计国内市场对 P1 产品不会有持久的需求。但 P2 产品因更适合于国内市场，估计需求一直比较平稳。随着对 P 系列产品的逐渐认同，估计对 P3 产品的需求会发展较快。但对 P4 产品的需求就不一定像 P3 产品那样旺盛了。当然，对高价值的产品来说，客户一定会更注重产品的质量认证。

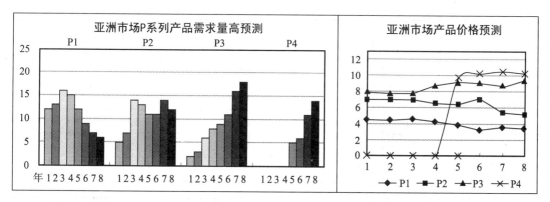

这个市场一向波动较大，所以对 P1 产品的需求可能起伏较大，估计对 P2 产品的需求走势与 P1 相似。但该市场对新产品很敏感，因此估计对 P3、P4 产品的需求量会发展较快，价格也可能不菲。另外，这个市场的消费者很看重产品的质量，所以没有 ISO9000 和 ISO14000 认证的产品可能很难销售。

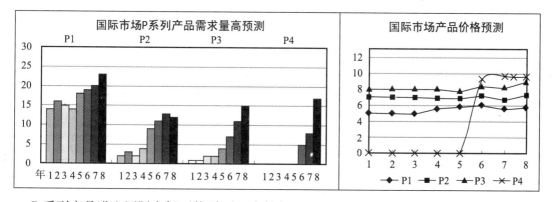

P 系列产品进入国际市场可能需要一个较长的时期。有迹象表明，对 P1 产品已经有所认同，但还需要一段时间才能被市场接受。同样，对 P2、P3 和 P4 产品也会很谨慎地接受。需求发展较慢。当然，国际市场的客户也会关注具有 ISO 认证的产品。

附表二

广告提交表

第一年___组 (本地)		（区域）		（国内）		（亚洲）		（国际）	
产品	广告	产品	产品	广告	产品	广告	产品	广告	广告
P1		P1	P1		P1		P1		
P2		P2	P2		P2		P2		
P3		P3	P3		P3		P3		
P4		P4	P4		P4		P4		

第二年___组 (本地)		（区域）		（国内）		（亚洲）		（国际）	
产品	广告	产品	产品	广告	产品	广告	产品	广告	广告
P1		P1	P1		P1		P1		
P2		P2	P2		P2		P2		
P3		P3	P3		P3		P3		
P4		P4	P4		P4		P4		

第三年___组 (本地)		（区域）		（国内）		（亚洲）		（国际）	
产品	广告	产品	产品	广告	产品	广告	产品	广告	广告
P1		P1	P1		P1		P1		
P2		P2	P2		P2		P2		
P3		P3	P3		P3		P3		
P4		P4	P4		P4		P4		

附表二　广告提交表

第一年___组 （本地）		（区域）		（国内）		（亚洲）		（国际）	
产品	广告	产品	产品	广告	产品	广告	产品	广告	广告
P1		P1	P1		P1		P1		
P2		P2	P2		P2		P2		
P3		P3	P3		P3		P3		
P4		P4	P4		P4		P4		

第二年___组 （本地）		（区域）		（国内）		（亚洲）		（国际）	
产品	广告	产品	产品	广告	产品	广告	产品	广告	广告
P1		P1	P1		P1		P1		
P2		P2	P2		P2		P2		
P3		P3	P3		P3		P3		
P4		P4	P4		P4		P4		

第三年___组 （本地）		（区域）		（国内）		（亚洲）		（国际）	
产品	广告	产品	产品	广告	产品	广告	产品	广告	广告
P1		P1	P1		P1		P1		
P2		P2	P2		P2		P2		
P3		P3	P3		P3		P3		
P4		P4	P4		P4		P4		

第四年___组 （本地）		（区域）		（国内）		（亚洲）		（国际）	
产品	广告	产品	产品	广告	产品	广告	产品	广告	广告
P1		P1	P1		P1		P1		
P2		P2	P2		P2		P2		
P3		P3	P3		P3		P3		
P4		P4	P4		P4		P4		

第五年___组 （本地）		（区域）		（国内）		（亚洲）		（国际）	
产品	广告	产品	产品	广告	产品	广告	产品	广告	广告
P1		P1	P1		P1		P1		
P2		P2	P2		P2		P2		
P3		P3	P3		P3		P3		
P4		P4	P4		P4		P4		

第六年___组 (本地)		（区域）		（国内）		（亚洲）		（国际）	
产品	广告	产品	产品	广告	产品	广告	产品	广告	广告
P1		P1	P1		P1		P1		
P2		P2	P2		P2		P2		
P3		P3	P3		P3		P3		
P4		P4	P4		P4		P4		

附表三

生产及采购计划

生产线		第___年				第___年				第___年			
		一季度	二季度	三季度	四季度	一季度	二季度	三季度	四季度	一季度	二季度	三季度	四季度
1	产品												
	材料												
2	产品												
	材料												
3	产品												
	材料												
4	产品												
	材料												
5	产品												
	材料												
6	产品												
	材料												
7	产品												
	材料												
8	产品												
	材料												
合计	产品												
	材料												

生产线		第___年				第___年				第___年			
		一季度	二季度	三季度	四季度	一季度	二季度	三季度	四季度	一季度	二季度	三季度	四季度
1	产品												
	材料												
2	产品												
	材料												
3	产品												
	材料												
4	产品												
	材料												
5	产品												
	材料												
6	产品												
	材料												
7	产品												
	材料												
8	产品												
	材料												
合计	产品												
	材料												

生产线		第___年				第___年				第___年			
		一季度	二季度	三季度	四季度	一季度	二季度	三季度	四季度	一季度	二季度	三季度	四季度
1	产品												
	材料												
2	产品												
	材料												
3	产品												
	材料												
4	产品												
	材料												
5	产品												
	材料												
6	产品												
	材料												

续表

生产线		第___年				第___年				第___年			
		一季度	二季度	三季度	四季度	一季度	二季度	三季度	四季度	一季度	二季度	三季度	四季度
7	产品												
	材料												
8	产品												
	材料												
合计	产品												
	材料												

生产线		第___年				第___年				第___年			
		一季度	二季度	三季度	四季度	一季度	二季度	三季度	四季度	一季度	二季度	三季度	四季度
1	产品												
	材料												
2	产品												
	材料												
3	产品												
	材料												
4	产品												
	材料												
5	产品												
	材料												
6	产品												
	材料												
7	产品												
	材料												
8	产品												
	材料												
合计	产品												
	材料												

附表四

原材料采购及付款计划

产品	第___年				第___年				第___年			
	一季度	二季度	三季度	四季度	一季度	二季度	三季度	四季度	一季度	二季度	三季度	四季度
R1												
R2												
R3												
R4												
材料付款												

产品	第___年				第___年				第___年			
	一季度	二季度	三季度	四季度	一季度	二季度	三季度	四季度	一季度	二季度	三季度	四季度
R1												
R2												
R3												
R4												
材料付款												

产品	第___年				第___年				第___年			
	一季度	二季度	三季度	四季度	一季度	二季度	三季度	四季度	一季度	二季度	三季度	四季度
R1												
R2												
R3												
R4												
材料付款												

附表四 原材料采购及付款计划

产品	第___年				第___年				第___年			
	一季度	二季度	三季度	四季度	一季度	二季度	三季度	四季度	一季度	二季度	三季度	四季度
R1												
R2												
R3												
R4												
材料付款												

附表五

工人工资付款计划

产品	第___年				第___年				第___年			
	一季度	二季度	三季度	四季度	一季度	二季度	三季度	四季度	一季度	二季度	三季度	四季度
R1												
R2												
R3												
R4												
工人工资												

产品	第___年				第___年				第___年			
	一季度	二季度	三季度	四季度	一季度	二季度	三季度	四季度	一季度	二季度	三季度	四季度
R1												
R2												
R3												
R4												
工人工资												

产品	第___年				第___年				第___年			
	一季度	二季度	三季度	四季度	一季度	二季度	三季度	四季度	一季度	二季度	三季度	四季度
R1												
R2												
R3												
R4												
工人工资												

附表五　工人工资付款计划

产品	第___年				第___年				第___年			
	一季度	二季度	三季度	四季度	一季度	二季度	三季度	四季度	一季度	二季度	三季度	四季度
R1												
R2												
R3												
R4												
工人工资												

附表六

公司应收账款记录表

款类	1年					2年					3年					4年					5年					6年				
	年初	1季	2季	3季	4季	年初	1季	2季	3季	4季	年初	1季	2季	3季	4季	年初	1季	2季	3季	4季	年初	1季	2季	3季	4季	年初	1季	2季	3季	4季
应收期 1																														
应收期 2																														
应收期 3																														
应收期 4																														
应收到款																														
实际收款																														
贴现到款																														
贴现费用																														
应收款余额																														

附表六 公司应收账款记录表

款类	1年					2年					3年					4年					5年					6年				
	年初	1季	2季	3季	4季	年初	1季	2季	3季	4季	年初	1季	2季	3季	4季	年初	1季	2季	3季	4季	年初	1季	2季	3季	4季	年初	1季	2季	3季	4季
应收期 1																														
应收期 2																														
应收期 3																														
应收期 4																														
应收到款																														
实际收款																														
贴现到款																														
贴现费用																														
应收款余额																														

参 考 文 献

[1] 王新玲，郑文昭，马雪文. ERP沙盘模拟高级指导教程［M］. 第2版. 北京：清华大学出版社，2009.

[2] 滕佳东. ERP沙盘模拟实训教程［M］. 大连：东北财经大学出版社，2009.

[3] 于兆河，李艳杰. 企业经营沙盘模拟［M］. 北京：科学出版社，2011.

[4] 何晓岚，何洁. ERP沙盘模拟实用教程［M］. 第2版. 北京：北京航空航天大学出版社，2011.

[5] 董红杰. 企业经营ERP沙盘应用教程［M］. 北京：北京大学出版社，2012.

[6] 周菁主. ERP沙盘模拟教程［M］. 北京：北京大学出版社，2013.

[7] 张前. ERP沙盘模拟原理与实训［M］. 北京：清华大学出版社，2013.

[8] 刘贻玲. 企业ERP沙盘模拟经营实训教程［M］. 北京：电子工业出版社，2013.

[9] 宋娟. 财务报表分析从入门到精通［M］. 北京：机械工业出版社，2013.

[10]［美］迈克尔·波特（Michael E. Porter）. 竞争战略［M］. 北京：中信出版社，2014.